AF542894

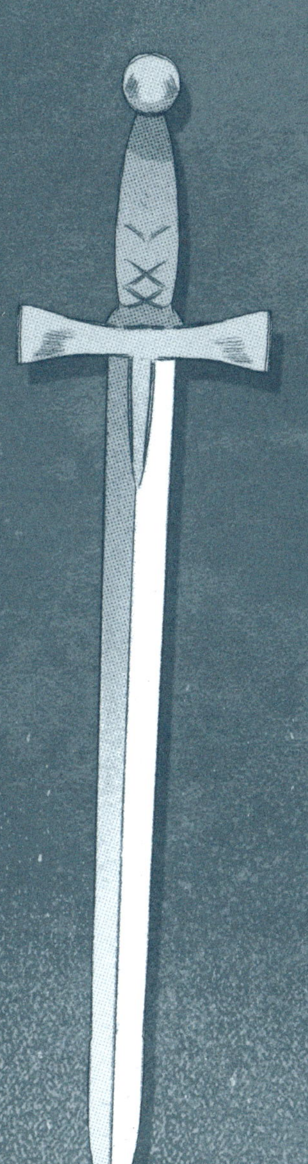

EL TAROT

UNA HISTORIA GRÁFICA

La historia de los arcanos, los símbolos y la magia de Pamela Colman Smith

Si este libro le ha interesado y desea que le mantengamos informado de nuestras publicaciones, escríbanos indicándonos qué temas son de su interés (Astrología, Autoayuda, Psicología, Artes Marciales, Naturismo, Espiritualidad, Tradición…) y gustosamente le complaceremos.

Puede consultar nuestro catálogo en www.edicionesobelisco.com

Los editores no han comprobado la eficacia ni el resultado de las recetas, productos, fórmulas técnicas, ejercicios o similares contenidos en este libro. Instan a los lectores a consultar al médico o especialista de la salud ante cualquier duda que surja. No asumen, por lo tanto, responsabilidad alguna en cuanto a su utilización ni realizan asesoramiento al respecto.

Colección Magia y Ocultismo
El tarot. Una historia gráfica
Texto: *Valentina Grande*
Ilustraciones: *Chiara Raimondi*

Título original: *Tarot. A Graphic History*

1.ª edición: marzo de 2026

Traducción: *Manuel Manzano*
Maquetación: *Isabel Also*
Corrección: *Ana Ticó*

Edita: Ediciones Obelisco, S. L.
Collita, 23-25. Pol. Ind. Molí de la Bastida
08191 Rubí - Barcelona - España
Tel. 93 309 85 25
E-mail: info@edicionesobelisco.com

ISBN: 978-84-1172-345-9
DL B 15242-2025

Printed in China

EL TAROT
UNA HISTORIA GRÁFICA

La historia de los arcanos, los símbolos y la magia de Pamela Colman Smith

Escrito por
VALENTINA GRANDE

Ilustraciones de
CHIARA RAIMONDI

Prólogo de
LINDSAY SQUIRE

Editado por
BALTHAZAR PAGANI

Traducido por
EDWARD FORTES

EDICIONES OBELISCO

ÍNDICE

XV
EL DIABLO
O
EL LOCO
XXI
EL MUNDO

PREÁMBULO

El tarot es una forma de cartomancia, un método de adivinación con cartas. Es una de las técnicas de adivinación más populares y su práctica forma parte integral del oficio de la brujería en todo el mundo.

Leer las cartas del tarot ofrece muchos beneficios. Se utiliza para comprender el pasado, el presente y el futuro, así como para obtener sabiduría y guía. Puede aportar claridad en momentos difíciles y ser una herramienta para el autoempoderamiento y la superación personal. Empecé a leer las cartas del tarot cuando comencé a practicar la brujería hace dieciocho años, y es una parte muy importante de mi oficio. Utilizo las cartas para ayudarme a tomar decisiones informadas, así como para alcanzar mis objetivos. También las incorporo en mis hechizos, y utilizo las cartas para aportar las energías específicas que quiero incluir en mi magia.

Las primeras cartas conocidas similares al tarot se encontraron a mediados del siglo XV en Italia. Se utilizaban para el juego Tarochi, muy similar al *bridge* moderno, que implicaba jugar cartas de triunfo. Estas cartas de triunfo marcaron el inicio de los veintidós arcanos mayores que conocemos hoy. Las barajas eran encargadas por familias aristocráticas como símbolo de su riqueza y estatus, y las cartas se pintaban a mano, con resultados de una complejidad extraordinaria.

En aquella época, el tarot se consideraba un juego de salón más que una forma de adivinación. El uso adivinatorio del tarot tal como lo conocemos surgió durante los siglos XV y XVI. La baraja de tarot más antigua que se conserva, el tarot Visconti-Sforza, se imprimió a mediados del siglo XV para los gobernantes del ducado de Milán. Más tarde, en los siglos XVII y XVIII, el tarot de Marsella se convirtió en una herramienta adivinatoria popular. Contaba con 78 cartas: 22 arcanos mayores y 56 arcanos menores, como las barajas de Tarot modernas. Probablemente se creó en Italia (el nombre «tarot de Marsella» no llegó hasta más tarde) antes de extenderse a Francia, Suiza y otras partes de Europa. Fue también en el siglo XVIII cuando se empezaron a asignar significados específicos a cada carta de la baraja.

Sin embargo, no fue hasta principios del siglo XX cuando surgieron las barajas de tarot que conocemos hoy, cuando el ocultista británico Arthur Waite colaboró con Pamela Colman Smith para crear la baraja de tarot Rider-Waite (ahora conocida cada vez más como la baraja de tarot Rider-Waite-Smith, en reconocimiento a la contribución de Pamela). El papel de Pamela como artista de esta baraja es innega-

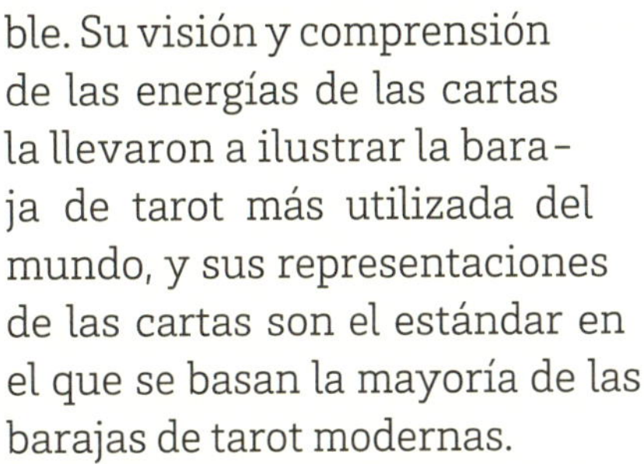

ble. Su visión y comprensión de las energías de las cartas la llevaron a ilustrar la baraja de tarot más utilizada del mundo, y sus representaciones de las cartas son el estándar en el que se basan la mayoría de las barajas de tarot modernas.

Pamela es responsable de todo el simbolismo de las cartas, y analizar su significado me ha ayudado (y a muchos otros) a comprender qué representa cada carta cuando aparece en una lectura. Descubrí el tarot cuando me regalaron una copia de la baraja Rider-Waite-Smith al comienzo de mi aventura en la brujería, y me sentí atraída por las ilustraciones y el simbolismo. De todas las barajas del tarot que tengo, esta sigue siendo mi favorita y la utilizo a diario.

A medida que leas esta novela gráfica y aprendas más sobre Pamela y su vida, espero que las mágicas ilustraciones de la baraja de Tarot Rider-Waite-Smith te cautiven tanto como a mí.

Lindsay Squire

EL CARRO

LA FUERZA

ANTES DE PASAR LAS PÁGINAS...

Esta historia comienza con un salto imaginativo hacia la vida de una mujer y una artista cuya existencia se perdió en en los anales del tiempo, pero cuyo arte la llevó a crear la baraja de tarot más famosa del mundo.

Aunque existe una conexión entre la ilustradora Pamela Colman Smith y el pequeño pueblo de Bude —donde se ambienta la historia que estás a punto de leer—, las fuentes sugieren que nuestra protagonista no se instaló en la costa de Cornualles hasta principios de la década de 1940, cuando tenía sesenta y tantos años y se encontraba en circunstancias económicas precarias debido a la imposibilidad de encontrar trabajo.

La historia, por lo tanto, juega con el tiempo y reimagina una serie de sucesos intrigantes poco conocidos y nos incita a reflexionar sobre el poder que tiene cada individuo para forjar su propio destino. La interacción de Pamela con tres mujeres con vidas diferentes, pero que se enfrentan a obstáculos sociales similares, aborda la idea de la predestinación, y las impulsa a mirar más allá de las limitaciones de las normas de género de la época. A través de las lecturas de cartas, Isabel, Beth y Nora (la única de las tres que realmente existió, y con quien Pamela convivió durante muchos años) logran encontrar algunas respuestas y dar sentido a sus vidas hasta la fecha.

De manera similar, la narrativa de la historia se entrelaza con *flashbacks* que revelan aspectos del pasado de Pamela, mientras que cada capítulo comienza con tres cartas que presentan un tema central y aluden a momentos cruciales en la vida de la artista. Todas las cartas han sido redibujadas por la ilustradora con el estilo original de Pamela.

Dar vida a Pamela en forma de novela gráfica me obligó a tomar varias decisiones, sobre todo en cuanto a su identidad racial y sexual, ya que las biografías de la artista suelen ofrecer información contradictoria. Opté por seguir la interpretación que Elizabeth Foley O'Connor presenta en *Pamela Colman Smith: Artist, Feminist, and Mystic.* Como escritora, ante situaciones de incertidumbre real, creo que la mejor solución es la que menos probabilidades tiene de socavar las identidades y experiencias que la historia a menudo ha invisibilizado. El objetivo es ofrecer una hipótesis tan válida como las representaciones que dominan el imaginario colectivo, aunque éstas no siempre reflejen la realidad histórica.

Es más, sabemos que a Pamela le encantaba representar las historias y danzas del folclore jamaicano en los círculos londinenses en los que participaba, y sabemos que publicó cuentos de hadas en dialecto jamaicano que despertaron el interés del poeta y místico irlandés W. B. Yeats. Nacida en Inglaterra de padres estadounidenses, Pamela pasó varios años en Jamaica y estuvo inmersa en sus tradiciones desde temprana edad. Por lo tanto, estos elementos forman parte de su representación aquí, para subrayar la conexión que sentía con una comunidad ajena al centro imperial blanco occidental.

Ahora es el momento de sumergirte en este mundo de símbolos, conexiones y cartas. Además de sus posibles poderes proféticos, pueden guiarnos hacia un conocimiento más profundo de nosotros mismos y de los demás, a la vez que sacan a la luz la historia olvidada de una gran artista.

Valentina Grande

PRÓLOGO

Un mundo mágico
en el que buscar conexiones
con el universo.

GORT, IRLANDA, 1921

VOY A DAR UN PEQUEÑO PASEO.
HASTA LUEGO.

«Sobre la arena gris junto al arroyo poco profundo...

...bajo tu vieja torre golpeada por el viento, donde aún...

...una lámpara arde junto al libro abierto...

...que Michael Robartes dejó...

…caminas
sobre la luna.

Y aunque ya has
pasado lo mejor
de la vida…

…aún se trazan, cautivadas por la ilusión inconquistable, formas mágicas».
WILLIAM BUTLER YEATS ESCRIBIÓ ESTE POEMA MUCHOS AÑOS DESPUÉS DE ROMPER CON LA GOLDEN DAWN Y SUS AMIGOS DE AQUELLA ÉPOCA. PERO SU DECEPCIÓN POR LA RUPTURA NUNCA AFECTÓ A SU VISIÓN MÁGICA DEL MUNDO, Y SOLÍA VISITAR A SU AMIGA PAMELA, CON QUIEN HABÍA PASADO TANTO TIEMPO…

CAPÍTULO 1

EL DESCUBRIMIENTO DE LA GOLDEN DAWN

Estas tres cartas descubren cómo Pamela utilizó sus habilidades sociales y su sentido de la aventura para moverse en los círculos esotéricos del Londres de principios del siglo XX. Eso la condujo hasta la Golden Dawn…

sta carta representa la capacidad de conectar con los demás y mostrar empatía. Encarna la bondad y la comprensión.

POR LA IMPORTANCIA DE LA AMISTAD EN LA VIDA DE PAMELA, Y CÓMO ESTA LA INTRODUJO AL MUNDO DE LA GOLDEN DAWN.

Esta carta simboliza la inspiración, la vida creativa y las nuevas oportunidades que ofrece la creatividad. También representa la chispa que brinda la pasión, el potencial de crecimiento y transformación a través de iniciativas artísticas y creativas.

AS de BASTOS

POR CÓMO PAMELA SE DIO CUENTA DE QUE ERA LA PERSONA ADECUADA PARA CREAR UNA NUEVA ICONOGRAFÍA PARA EL TAROT.

Esta carta representa la capacidad de conocer gente nueva y la curiosidad por nuevas experiencias. También representa la guía que nos ayuda a explorar lo desconocido.

POR CÓMO LA PAMELA DE ESPÍRITU LIBRE SE VOLVIÓ TAN POPULAR ENTRE LOS BOHEMIOS DEL LONDRES DE PRINCIPIOS DEL SIGLO XX.

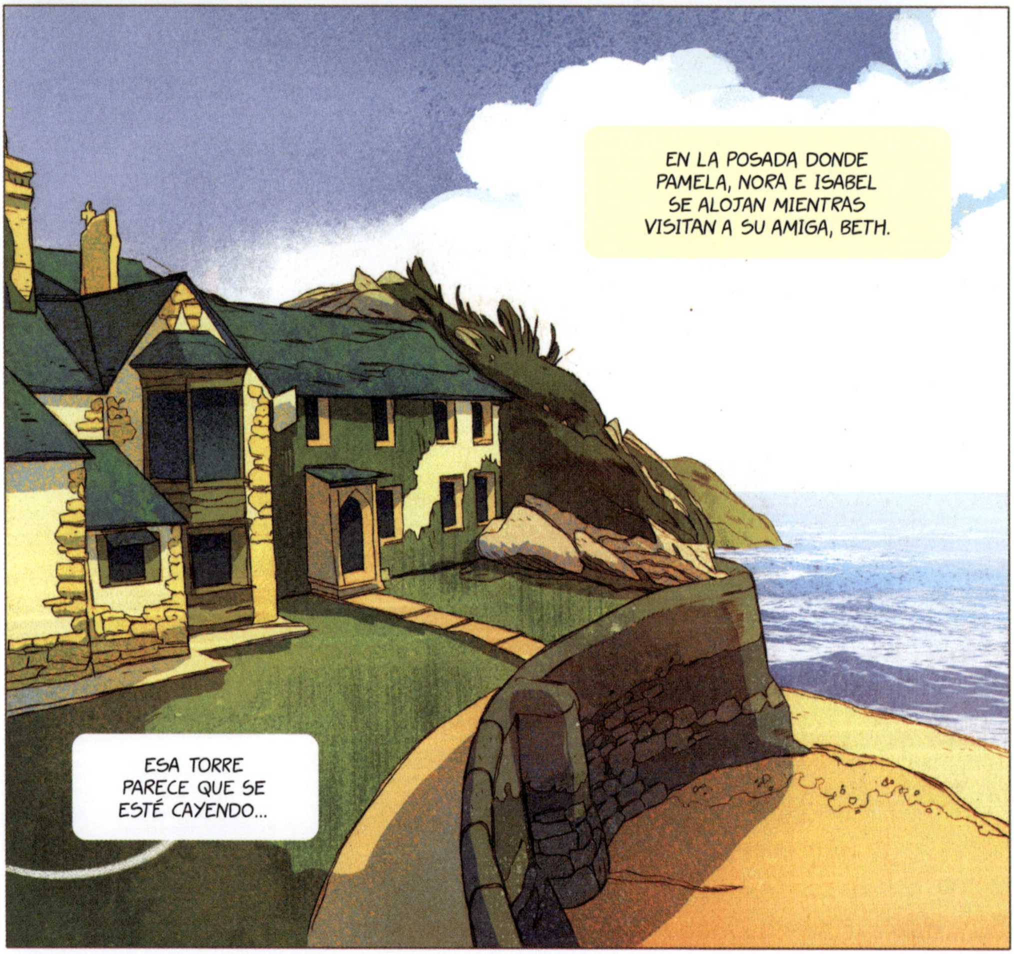

EN LA POSADA DONDE PAMELA, NORA E ISABEL SE ALOJAN MIENTRAS VISITAN A SU AMIGA, BETH.

ESA TORRE PARECE QUE SE ESTÉ CAYENDO...

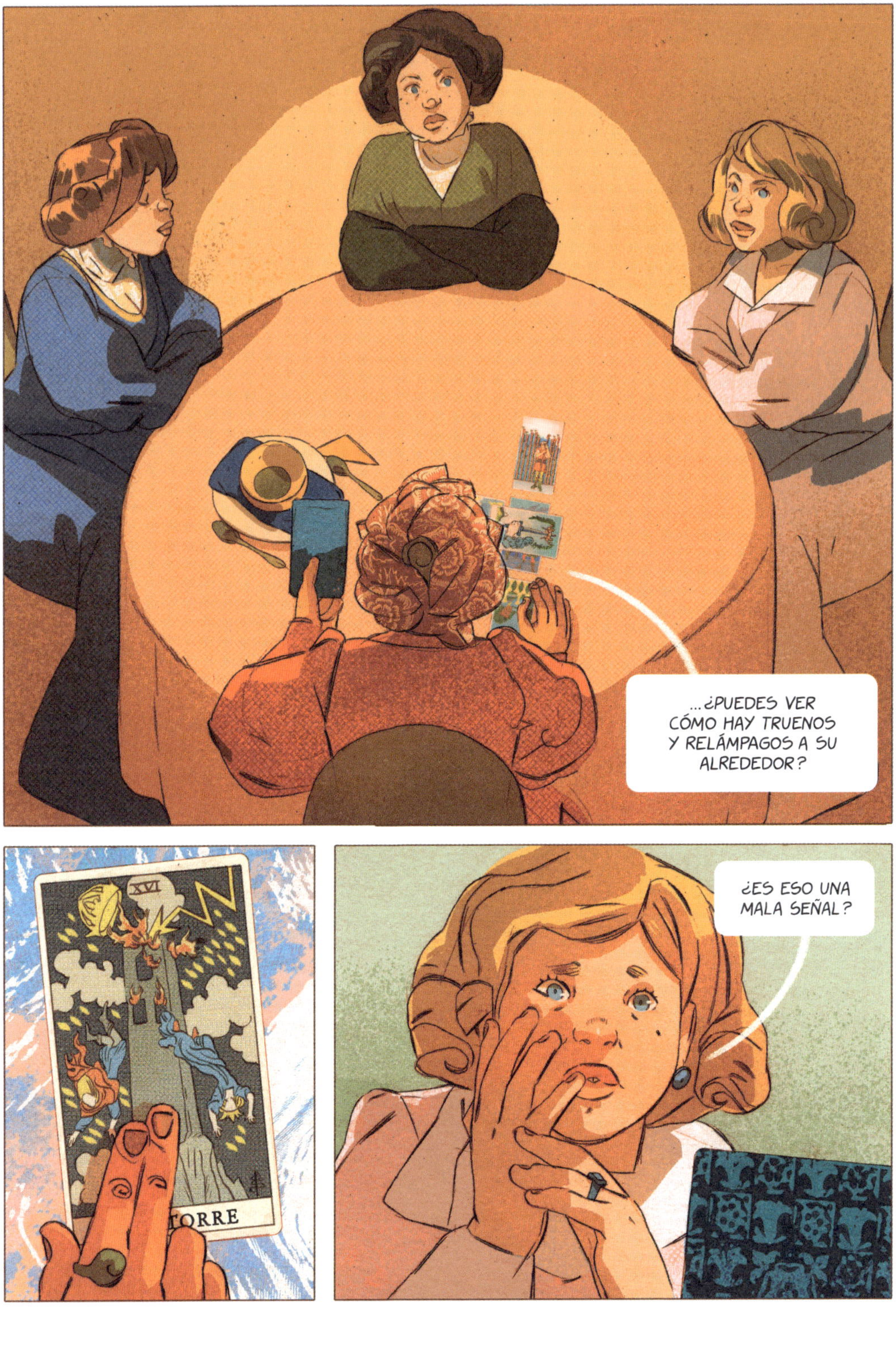

...¿PUEDES VER CÓMO HAY TRUENOS Y RELÁMPAGOS A SU ALREDEDOR?

NO NECESARIAMENTE. UN PAISAJE ES DIFERENTE DESPUÉS DE LA TORMENTA, PERO ES LA ÚNICA FORMA EN QUE LAS COSAS CAMBIAN EN TU VIDA. ACEPTAR EL FINAL SIGNIFICA RENACER...

LAS CARTAS NO DAN RESPUESTAS DIRECTAS, PERO PUEDES ENCONTRAR UNA MANERA DE ENTENDERLAS.
LO QUE TE DIGO NO SERÁ SUFICIENTE.

TIENES QUE MIRAR EN TU INTERIOR. DEJA CAER TU MÁSCARA, NO ACTÚES SÓLO PARA COMPLACER A LOS DEMÁS.

...EL CAMINO SERÁ LARGO
Y DURO. TAMBIÉN HABÍA UN
NUEVE DE BASTOS EN LA TIRADA.

¿Y QUÉ PASA CON
MI PREGUNTA
ORIGINAL?

SÍ, EXACTAMENTE.
¿BETH TENDRÁ UN HIJO?

LAS CARTAS
NOS DICEN QUE
ESTE MOMENTO
DOLOROSO SERÁ
IMPORTANTE
PARA QUE BETH
ENTIENDA LO
QUE QUIERE...

...QUIZÁ ESA NO SEA LA RESPUESTA
QUE ALGUNA DE VOSOTRAS
ESPERABA, PERO SI LO PENSÁIS,
ES MUCHO MÁS PROFUNDA.

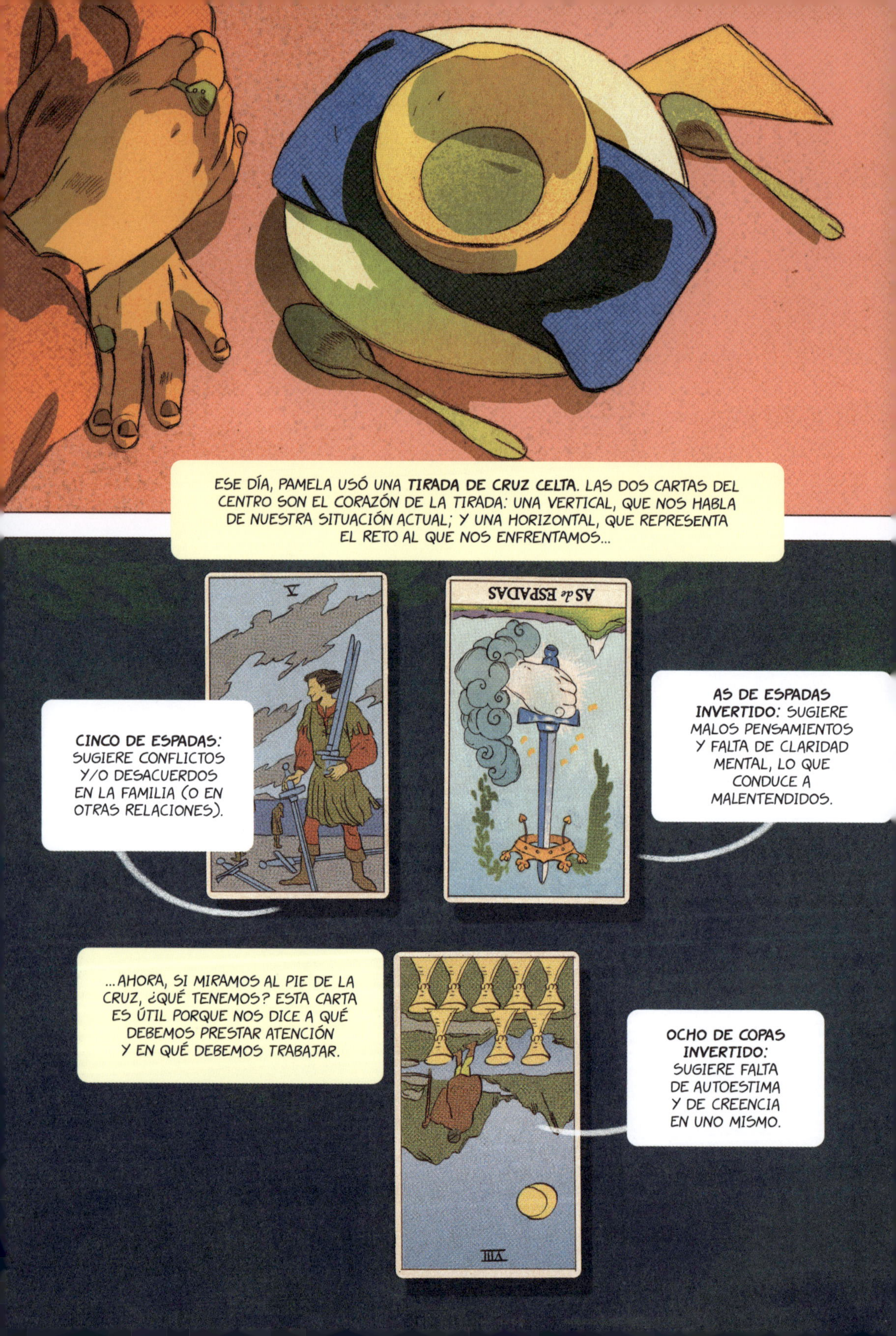

ESE DÍA, PAMELA USÓ UNA **TIRADA DE CRUZ CELTA**. LAS DOS CARTAS DEL CENTRO SON EL CORAZÓN DE LA TIRADA: UNA VERTICAL, QUE NOS HABLA DE NUESTRA SITUACIÓN ACTUAL; Y UNA HORIZONTAL, QUE REPRESENTA EL RETO AL QUE NOS ENFRENTAMOS...

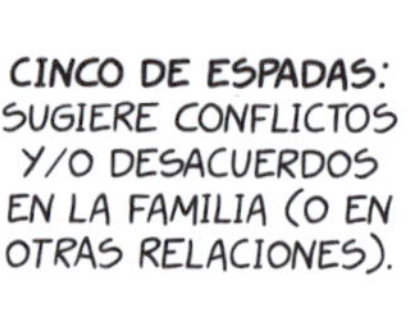

AS DE ESPADAS INVERTIDO: SUGIERE MALOS PENSAMIENTOS Y FALTA DE CLARIDAD MENTAL, LO QUE CONDUCE A MALENTENDIDOS.

...AHORA, SI MIRAMOS AL PIE DE LA CRUZ, ¿QUÉ TENEMOS? ESTA CARTA ES ÚTIL PORQUE NOS DICE A QUÉ DEBEMOS PRESTAR ATENCIÓN Y EN QUÉ DEBEMOS TRABAJAR.

OCHO DE COPAS INVERTIDO: SUGIERE FALTA DE AUTOESTIMA Y DE CREENCIA EN UNO MISMO.

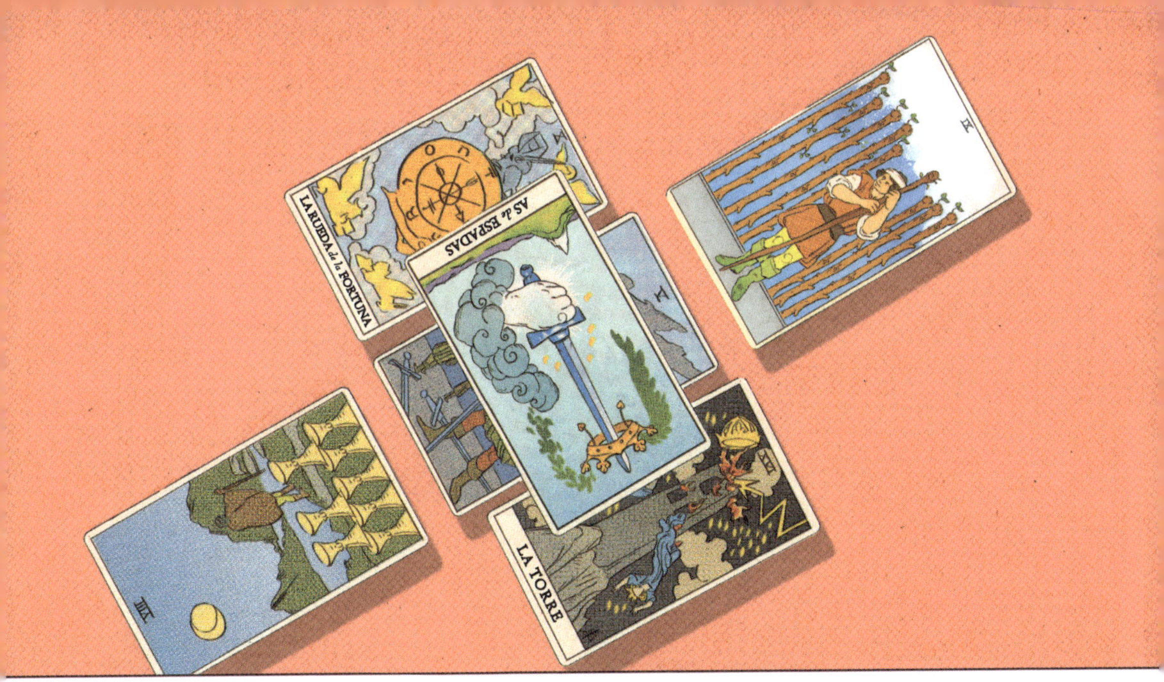

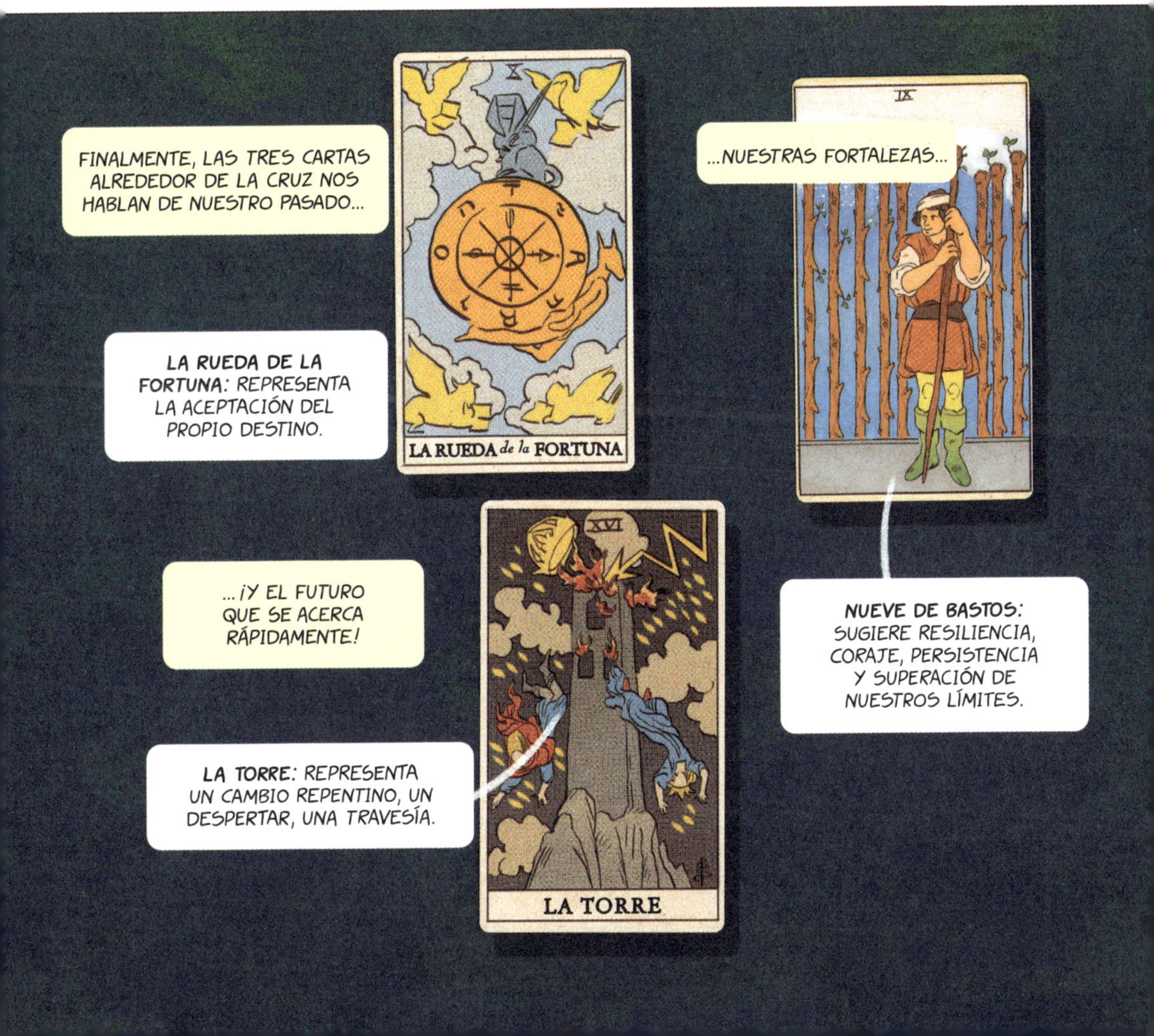

FINALMENTE, LAS TRES CARTAS ALREDEDOR DE LA CRUZ NOS HABLAN DE NUESTRO PASADO...

LA RUEDA DE LA FORTUNA: REPRESENTA LA ACEPTACIÓN DEL PROPIO DESTINO.

...NUESTRAS FORTALEZAS...

NUEVE DE BASTOS: SUGIERE RESILIENCIA, CORAJE, PERSISTENCIA Y SUPERACIÓN DE NUESTROS LÍMITES.

...¡Y EL FUTURO QUE SE ACERCA RÁPIDAMENTE!

LA TORRE: REPRESENTA UN CAMBIO REPENTINO, UN DESPERTAR, UNA TRAVESÍA.

UNA TIRADA DE CARTAS ES COMO UN CONJUNTO DE NOTAS EN UNA PARTITURA: LAS CARTAS RESUENAN DE FORMA DIFERENTE SEGÚN SU POSICIÓN Y SURGEN EN FUNCIÓN DE LA PREGUNTA QUE HACEMOS.

ESA MAÑANA PAMELA UTILIZÓ UNA FORMA SIMPLIFICADA DE LA CRUZ CELTA, PERO ÉSA NO ES LA ÚNICA MANERA DE HACER QUE LAS CARTAS HABLEN...

...TAMBIÉN ESTÁ LA TIRADA DE **TRES CARTAS**, QUE NOS AYUDA A ENTENDER EL PASADO (1), EL PRESENTE (2) Y LOS RETOS QUE SE NOS PRESENTARÁN (3)...

1.

2.

3.

...O LA VERSIÓN DE **SEIS CARTAS**:

2. DESCUBRIMOS NUESTRAS CUALIDADES...

1. PARTIENDO DE LA SITUACIÓN A EXPLORAR...

6. PARA LOGRAR LA TRANSFORMACIÓN HACIA LA QUE NOS DIRIGIMOS.

4. ENTENDEMOS LO QUE DEBEMOS DEJAR IR...

5. Y TAMBIÉN QUÉ CONSERVAR: PARA NOSOTROS MISMOS Y PARA EL TRABAJO QUE TENEMOS QUE HACER...

3. Y NUESTRO LADO OSCURO, LAS DIFICULTADES A LAS QUE TENDREMOS QUE ENFRENTARNOS...

LA RUEDA DEL AÑO NOS PERMITE ECHAR UN VISTAZO A LO QUE NOS ESPERA, ¡PORQUE TIENE UNA CARTA PARA CADA MES Y OTRA... ¡PARA EL AÑO COMPLETO!

LA **CRUZ CELTA CLÁSICA** UTILIZA CUATRO CARTAS MÁS QUE LA VERSIÓN QUE PAMELA USA AQUÍ. ESTAS CARTAS SE LEEN DE ABAJO ARRIBA Y REPRESENTAN: LOS CONSEJOS A SEGUIR (7), EL ENTORNO EN EL QUE ACTUAMOS (8), LAS ESPERANZAS Y MIEDOS QUE LLEVAMOS DENTRO (9), Y LOS RESULTADOS QUE PODEMOS OBTENER (10).

UNA TIRADA DE CARTAS ES UN VIAJE A TRAVÉS DEL MAPA DE NUESTRAS EMOCIONES.
MUESTRA UN ARCO DE TRANSFORMACIÓN, NOS DICE QUÉ CONSERVAR DE NOSOTROS MISMOS Y QUÉ DEJAR IR...

NOS IMPULSA A CRECER NO SEGÚN LO QUE OTROS ESPERAN, SINO A PARTIR DE LO QUE YA TENEMOS. ESTO ES CIERTO EN TU CASO, BETH.

ME GUSTA LO QUE DICES, PERO TODOS ESPERAN QUE LE DÉ UN HIJO A MI MARIDO...
...¿QUÉ PODRÍA HABER DE BUENO EN QUE ESO NO SUCEDIERA?

LO ENTIENDO, PERO LAS CARTAS TE MUESTRAN DE DÓNDE SACAR FUERZA CUANDO SUCEDE LO INESPERADO.
TODO LO QUE NECESITAS YA ESTÁ DENTRO DE TI.

¿CÓMO EMPEZASTE A LEER EL TAROT?

TODO COMENZÓ EN LONDRES...

...ANTES ME LLAMABAN «GITANA», PORQUE ORGANIZABA VELADAS DONDE REALIZABA RITUALES Y FOLCLÓRICOS JAMAICANOS...
...LA GENTE SE SENTÍA INTRIGADA POR MÍ PORQUE ERA DIFERENTE: ¡ERA UNA MUJER SOLTERA, INDEPENDIENTE Y QUE VIAJABA MUCHO!
CONOCÍ A WILLIAM BUTLER YEATS EN UNA DE ESAS NOCHES Y NOS HICIMOS AMIGOS...
FUE ÉL QUIEN ME INTRODUJO EN LA ORDEN HERMÉTICA GOLDEN DAWN, EN 1901. ERA UNA SOCIEDAD SECRETA QUE TENÍA COMO OBJETIVO LOGRAR EL DESPERTAR ESPIRITUAL A TRAVÉS DE PRÁCTICAS MÁGICAS Y ESOTÉRICAS...

YEATS DEJÓ LA ORDEN POCO DESPUÉS DE ESO, Y ME HICE AMIGA DE ARTHUR WAITE, QUE TRABAJABA EN LA MAGIA Y EN LO OCULTO...
...FUE WAITE QUIEN ME INTRODUJO EN LA LECTURA DEL TAROT...
...Y QUIEN ME ENCARGÓ LAS ILUSTRACIONES PARA UNA NUEVA BARAJA. NO ME PAGÓ BIEN...
...PERO COMPLETÉ LOS DIBUJOS EN SEIS MESES, COMO ME PIDIÓ.

ENTONCES APRENDISTE A LEER LAS CARTAS PRIMERO, Y LUEGO LAS DIBUJASTE...

¿POR QUÉ ALGUNAS TIENEN NÚMEROS Y PALOS, Y OTRAS NOMBRES Y DIBUJOS?

LA BARAJA DEL TAROT ESTÁ COMPUESTA POR 78 CARTAS...

ÉSTAS SE DIVIDEN EN 22 ARCANOS MAYORES Y 56 ARCANOS MENORES, DE ESTAS ÚLTIMAS 16 SON LAS CARTAS DE LA CORTE O «DE IMÁGENES»...

EL LOCO

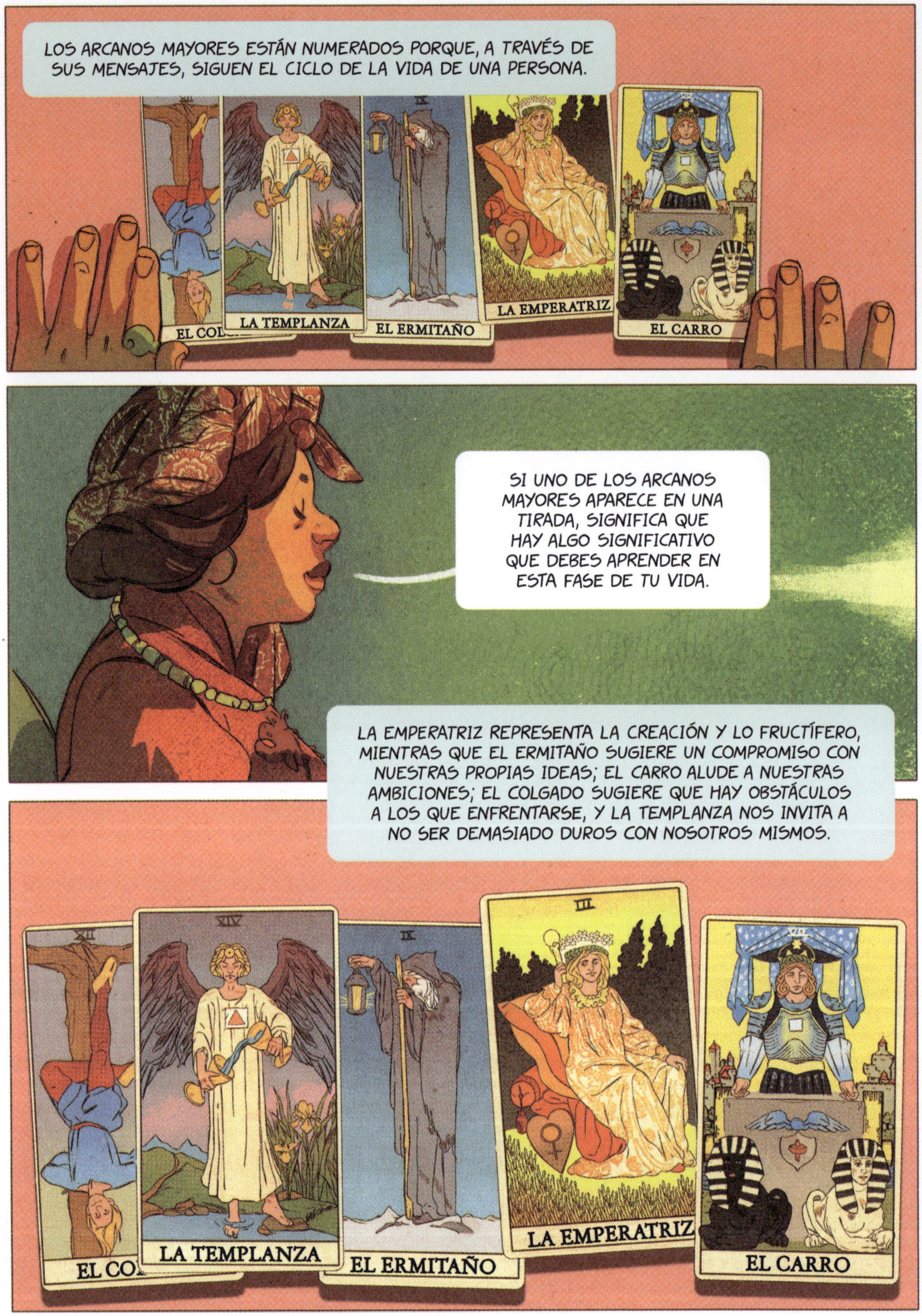

SI UNO DE LOS ARCANOS MAYORES APARECE EN UNA TIRADA, SIGNIFICA QUE HAY ALGO SIGNIFICATIVO QUE DEBES APRENDER EN ESTA FASE DE TU VIDA.

LA EMPERATRIZ REPRESENTA LA CREACIÓN Y LO FRUCTÍFERO, MIENTRAS QUE EL ERMITAÑO SUGIERE UN COMPROMISO CON NUESTRAS PROPIAS IDEAS; EL CARRO ALUDE A NUESTRAS AMBICIONES; EL COLGADO SUGIERE QUE HAY OBSTÁCULOS A LOS QUE ENFRENTARSE, Y LA TEMPLANZA NOS INVITA A NO SER DEMASIADO DUROS CON NOSOTROS MISMOS.

LA TEMPLANZA

EL ERMITAÑO

LA EMPERATRIZ

EL CARRO

EL LOCO ES MI CARTA FAVORITA. ES LA CARTA CERO PORQUE AQUÍ COMIENZA NUESTRO VIAJE: DE LA LOCURA DE LA INEXPERIENCIA AL CONOCIMIENTO DEL MUNDO.

...PERO PARA QUE ESO SUCEDA, EL LOCO TENDRÁ QUE PASAR POR TODAS LAS EXPERIENCIAS QUE SUGIEREN LAS OTRAS CARTAS.

¡TENÍA OTRAS CARTAS EN MI TIRADA QUE PARECÍAN SIMPLES NAIPES!

ÉSAS SON LOS ARCANOS MENORES. Y TIENES RAZÓN, ¡PARECEN NAIPES!

IX
LOS ARCANOS MAYORES MARCAN LAS DIFERENTES ETAPAS DE NUESTRA VIDA Y LAS LECCIONES QUE DEBEMOS APRENDER. PERO LOS ARCANOS MENORES SON IMPORTANTES PORQUE SE REFIEREN A COSAS QUE OCURREN EN LA VIDA COTIDIANA; OFRECEN UNA PERSPECTIVA DE LAS SITUACIONES Y CIRCUNSTANCIAS A LAS QUE NOS ENFRENTAMOS AHORA, EN EL PRESENTE.

LOS CUATRO PALOS -BASTOS, COPAS, ESPADAS Y OROS- SIMBOLIZAN LOS CUATRO ELEMENTOS: FUEGO, AGUA, AIRE Y TIERRA.
AS de BASTOS
AS de COPAS
W
AS de ESPADAS
AS de OROS
LOS BASTOS SIMBOLIZAN LA INTUICIÓN, LA INSPIRACIÓN Y LA CREATIVIDAD. LAS COPAS SE ASOCIAN A LAS EMOCIONES Y LAS RELACIONES. LAS ESPADAS SE CONECTAN CON LA MENTE, EL INTELECTO Y LA ACCIÓN, MIENTRAS QUE LOS OROS REPRESENTAN LA RIQUEZA, LA SALUD Y LA ESTABILIDAD. TODAS LAS CARTAS DE CADA PALO ESTÁN NUMERADAS DEL 1 (EL AS) AL 10, SEGUIDAS DE LAS CUATRO CARTAS DE LA CORTE O «FIGURAS»: LA SOTA, EL CABALLO, LA REINA Y EL REY. TODAS LAS CARTAS REPRESENTAN LAS EXPERIENCIAS COTIDIANAS DE NUESTRO CAMINO POR LA VIDA...
...WAITE ME DECÍA A MENUDO QUE EL SIMBOLISMO ERA LA CLAVE PARA ENTENDER LOS MENSAJES DEL TAROT...
EN LA GOLDEN DAWN SÓLO ALCANCÉ EL PRIMER GRADO, COMO ZELATOR, ¡PERO ALGUNOS MIEMBROS ERAN TAN BUENOS EN LA INTERPRETACIÓN QUE PODÍAN MIRAR PROFUNDAMENTE EN TU ALMA!

LA ORDEN HERMÉTICA GOLDEN DAWN FUE LA SOCIEDAD HERMÉTICA MÁS INFLUYENTE DEL SIGLO XIX. FUE FUNDADA POR TRES MASONES: WILLIAM ROBERT WOODMAN, WILLIAM WYNN WESTCOTT Y SAMUEL LIDDELL «MACGREGOR» MATHERS. LOS MIEMBROS DE LA ORDEN HERMÉTICA GOLDEN DAWN TENÍAN INTERÉS EN LA FILOSOFÍA MÁGICA, LA RELIGIÓN DEL ANTIGUO EGIPTO, EL MISTICISMO JUDÍO, LAS RELIGIONES PAGANAS Y LA ALQUIMIA.
LA ORDEN ESTABLECIÓ UN SISTEMA FILOSÓFICO Y ESPIRITUAL BASADO EN LAS PRESUNTAS ENSEÑANZAS DE HERMES TRISMEGISTO (UNA COMBINACIÓN SINCRÉTICA DEL DIOS GRIEGO HERMES Y EL DIOS EGIPCIO TOT). MUCHAS TRADICIONES OCULTISTAS CONTEMPORÁNEAS, COMO LA WICCA, SE VEN INFLUENCIADAS POR LAS PRÁCTICAS DE LA GOLDEN DAWN.

EN EL SIGLO XIX, MUCHAS PERSONAS DE LA INGLATERRA VICTORIANA ADOPTARON EL OCULTISMO COMO UNA FORMA DE OPONERSE TANTO A LA RELIGIÓN CONVENCIONAL COMO A UNA VISIÓN DEL MUNDO CIENTÍFICA QUE REDUCÍA TODO A LO PURAMENTE MATERIAL.
EL USO DE LA MAGIA -Y LA VOLUNTAD UNIVERSAL QUE LA ACOMPAÑABA- TENÍA COMO FIN IMPULSAR UN CAMBIO EN LA CONCIENCIA DE LAS PERSONAS Y DEL MUNDO.

CAPÍTULO 2

EL TAROT COMO VIAJE

Como un viaje, el tarot nos enseña que lo que importa son las diferentes etapas más que el destino, como revelan estas tres cartas…

Esta carta simboliza la superación de stáculos y el logro del éxito en el camino de la vida. Tienes la confianza y la fuerza de voluntad necesarias para frentarte a los desafíos que se presentan n tu camino. Estas cualidades te hacen más fuerte mientras te esfuerzas por alcanzar tus metas.

VII

EL CARRO

POR LO QUE PAMELA VIO Y APRENDIÓ DURANTE SUS VIAJES.

Esta carta, invertida, significa un bloqueo o un problema creativo. Si estás intentando generar nuevas ideas o quieres expresarte de manera creativa, te resultará difícil.

POR LAS DIFICULTADES A LAS QUE SE ENFRENTÓ PAMELA COMO ARTISTA CUANDO SE MUDÓ A LONDRES.

Esta carta representa el aprendizaje académico y la sabiduría espiritual. También simboliza las tradiciones espirituales y el aprendizaje de estos valores y creencias de una fuente fiable, como un maestro. Por lo tanto, se asocia al crecimiento espiritual a través del compromiso con el aprendizaje.

POR EL COMPROMISO DE PAMELA AL TRABAJAR CON WAITE Y CÓMO DEJÓ SU HUELLA EN EL TAROT CON SUS ILUSTRACIONES.

LA NIEBLA SE ESTÁ DISIPANDO... PERO ¿A DÓNDE SE HA IDO LA DUENDECILLA?
A SU HABITACIÓN A BUSCAR ALGO... ¿POR QUÉ LA LLAMAS «DUENDECILLA»?
CREO QUE UNA AMIGA SUYA, ACTRIZ, LE PUSO ESE APODO. LE QUEDA BIEN, ¿NO?

¡OH, MIRA!, PAMELA TAMBIÉN HA REGRESADO JUNTO CON LA CENA.

LO HICE CON PAPEL Y MADERA.
FUI A BUSCARLO PARA PODER CONTARTE UNA HISTORIA QUE ME VINO A LA CABEZA DESPUÉS DE LEER LAS CARTAS DE BETH...

ES EL DIOS ANANSI. LO DESCUBRÍ EN JAMAICA... VIVÍ ALLÍ SIETE AÑOS Y RECOPILÉ MUCHAS HISTORIAS SOBRE ÉL.
¡INCLUSO PUBLIQUÉ UN LIBRO SOBRE ELLO!

ANANSI ES UNA ARAÑA ANTROPOMÓRFICA Y UN DIOS BROMISTA, PERO TAMBIÉN CREÓ EL SOL Y LAS ESTRELLAS... ¡ES A ÉL A QUIEN LE DEBEMOS TODA LA SABIDURÍA HUMANA!

...UNA VEZ, ANANSI INICIÓ UN VIAJE MUY PELIGROSO. PERO CADA VEZ QUE SE ENCONTRABA CON UN PROBLEMA, RECIBÍA LA AYUDA DE UNO DE SUS HIJOS, CADA UNO CON UNA HABILIDAD ESPECÍFICA...
...AL FINAL DE SU VIAJE, ANANSI SE ENCONTRÓ CON UNA ENORME BOLA DE LUZ BLANCA Y QUISO DÁRSELA A SUS HIJOS COMO MUESTRA DE AGRADECIMIENTO.
PERO ¿QUIÉN SE LA MERECÍA MÁS? ¡LA BOLA DE LUZ NO SE PODÍA DIVIDIR!
ENTONCES NYAMA, DIOS DE TODAS LAS COSAS, INTERVINO. COLGÓ LA BOLA DE LUZ EN EL CIELO PARA QUE TODOS TUVIERAN LA MISMA OPORTUNIDAD DE ADMIRAR SU RESPLANDOR... ¡Y ASÍ FUE COMO NACIÓ LA LUNA!
ESTA HISTORIA NOS DICE LO IMPORTANTE QUE ES APOYARNOS UNOS A OTROS, Y QUE SÓLO COMPARTIENDO SUCEDE ALGO BUENO PARA TODOS...
...ESO ES LA FAMILIA.

NO PERDERÁS A TU FAMILIA SI NO TIENES HIJOS, BETH. VALES MUCHO MÁS QUE ESO PARA QUIENES TE AMAN.
RECUERDO QUE CONTABAS HISTORIAS COMO ÉSA EN TU PISO DE LONDRES.
LAS APRENDÍ CUANDO ME MUDÉ A JAMAICA, A LOS 11 AÑOS. MI PADRE HABÍA CONSEGUIDO TRABAJO EN LA EMPRESA WEST INDIA IMPROVEMENT COMPANY, ASÍ QUE NOS DESPEDIMOS DE MANCHESTER Y PARTIMOS HACIA EL CARIBE...
HE HECHO MUCHOS VIAJES LARGOS -AL MENOS 25 DESDE QUE ERA UN BEBÉ DE TRES MESES- Y DONDEQUIERA QUE HE ESTADO, NUNCA ME HE SENTIDO VINCULADA...

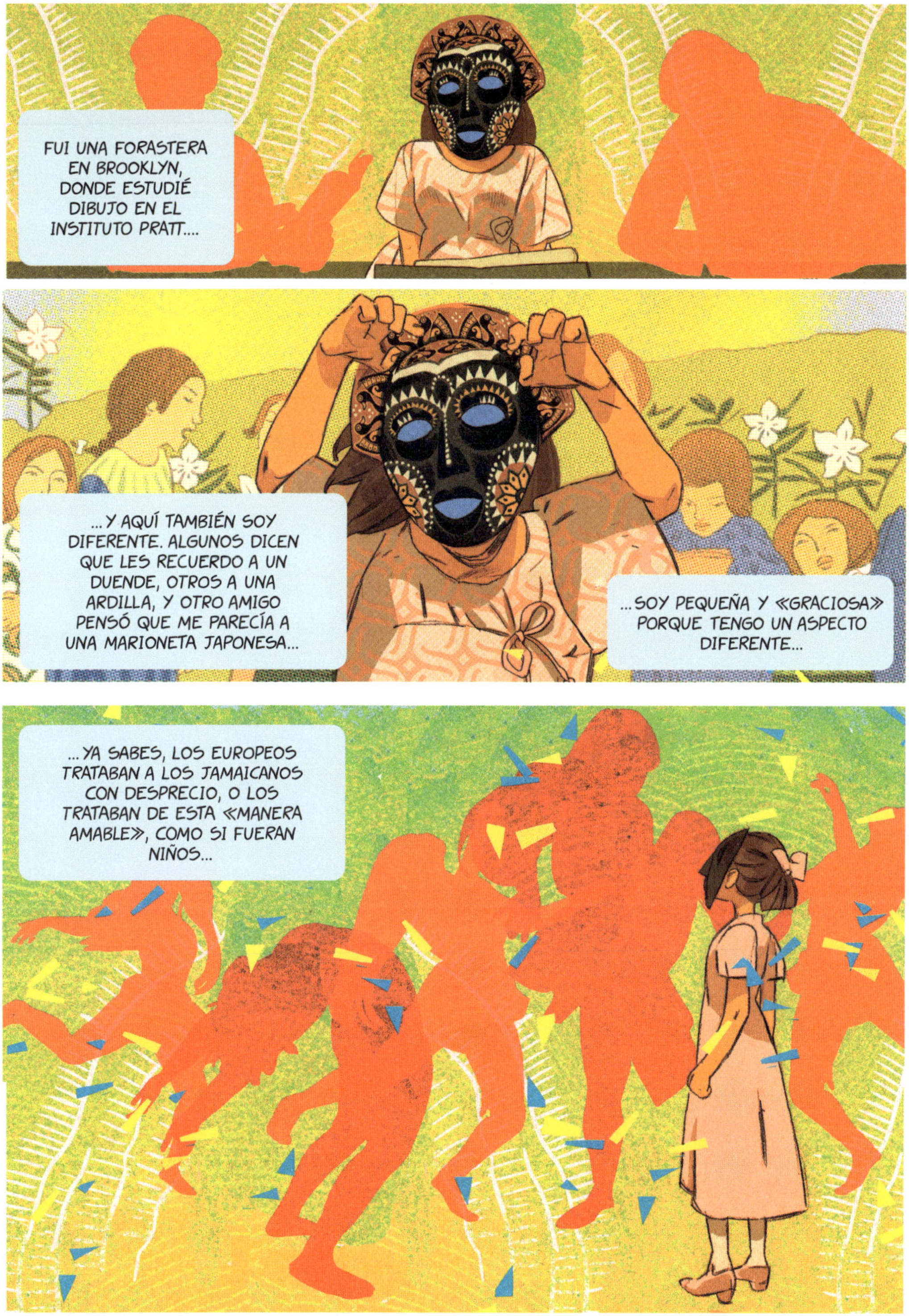

...YA SABES, LOS EUROPEOS TRATABAN A LOS JAMAICANOS CON DESPRECIO, O LOS TRATABAN DE ESTA «MANERA AMABLE», COMO SI FUERAN NIÑOS...

CUANDO ESTUVE EN KINGSTON, DESCUBRÍ EL FESTIVAL JONKONNU...
...INCLUYE BAILE, MÚSICA Y CANCIONES QUE AYUDABAN A LA GENTE A RECUPERAR SUS ORÍGENES...
...Y HASTA SU LIBERTAD, DETRÁS DE UNA MÁSCARA...

SER QUIEN QUIERAS TE DA ESTO...

...UN PODER ASOMBROSO Y VERTIGINOSO.

¡OH, LO QUE PODRÍA HABER SIDO!
¿QUÉ QUIERES DECIR?
TENÍA TANTAS GANAS DE ESTUDIAR MÚSICA Y CONVERTIRME EN PIANISTA...
¡PERO TIENES UN HIJO!

¡ÉSE ES TU SUEÑO, NO EL MÍO!

¡DIME SI TODAVÍA HAY ESPERANZA PARA MI MÚSICA!

ASÍ NO FUNCIONA, NORA. LAS CARTAS NO RESPONDEN PREGUNTAS DIRECTAS; DICEN LO QUE PUEDES HACER PARA QUE SUCEDA LO QUE DESEAS...

EL COLGADO
LA EMPERATRIZ
VAMOS A EMPRENDER ESTE VIAJE JUNTAS, COMENZANDO DESDE TU PRESENTE...
LA FUERZA

..ÉSTA ES LA EMPERATRIZ -INVERTIDA, EN ESTE ASO, PORQUE TIENES UN TALENTO EN EL QUE NO CREES. ERES INSEGURA, Y CUANDO LO NTENTAS, NO LOGRAS EL RESULTADO DESEADO...
ÉSTE ES EL NUEVE DE ESPADAS. AQUÍ VEMOS A QUÉ CONDUCE TU AUTODESCONFIANZA. TU BAJA AUTOESTIMA SIGNIFICA QUE NO CONSIGUES LO QUE QUIERES. ASÍ QUE EL RETO ES CAMBIAR LA FORMA EN QUE TE VES A TI MISMA...
¡LAS CARTAS E DICEN QUE RES MUCHO MÁS FUERTE DE LO QUE PIENSAS!
LA CARTA DE LA FUERZA TE DICE QUE TIENES QUE CONCENTRARTE EN TU FUERZA INTERIOR...
PORQUE TIENES TALENTO, PERO NECESITAS MANEJAR TUS INSEGURIDADES.
ESTA CARTA DICE ALGO SOBRE MI PASADO, ¿NO ES ASÍ?
SÍ, EL CUATRO DE BASTOS INVERTIDO SUGIERE QUE ALGUNAS DE TUS INSEGURIDADES VIENEN DE UN ENTORNO FAMILIAR EN EL QUE NO TE SENTISTE AMADA...
ESO ES CIERTO.
ÉSTA ES LA QUINTA CARTA, Y TE INDICA DÓNDE RESIDE TU FUERZA: EL COLGADO. TE DICE QUE TE DEJES IR, QUE DEJES DE JUZGARTE, QUE CAMBIES TU PERSPECTIVA.
ESTAMOS AQUÍ, ¿NO ES ASÍ? ESTA CARTA SE REFIERE AL FUTURO INMEDIATO...
LA REINA DE BASTOS NOS DICE QUE ENCONTRARÁS LA CERTEZA Y LA CONCENTRACIÓN QUE NECESITAS, TAL VEZ CON LA AYUDA DE UNA MUJER QUE TE INSPIRE A SER MEJOR...

EN ESENCIA, LAS CARTAS TE DICEN QUE NO CREES QUE ERES UNA MÚSICO LO SUFICIENTEMENTE BUENA. TIENES POCA FE EN TUS HABILIDADES...
SÍ, ESO TIENE SENTIDO. SOBRE TODO PORQUE SIEMPRE ESTOY BUSCANDO LA APROBACIÓN DE LOS DEMÁS.
RECUERDA: LAS CARTAS NO DAN RESPUESTAS SINO CONSEJOS SOBRE CÓMO ACTUAR CON RELACIÓN A LO QUE DESEAS...
...EN TU CASO, ENCONTRARÁS SATISFACCIÓN EN LA MÚSICA CUANDO DEJES IR TUS MIEDOS Y TRABAJES DURO.
¡TAMBIÉN DICEN QUE UNA MUJER ME INSPIRARÁ!

ESO PARECE UN BUEN PRESAGIO...

¿CUÁNDO EMPEZASTE A DIBUJAR?

DIBUJO DESDE QUE PUDE SOSTENER UN LÁPIZ.
PIENSO EN IMÁGENES. Y TENGO VISIONES SINESTÉSICAS...

¿QUÉ SIGNIFICA ESO?
SIGNIFICA QUE, SI SE ESTIMULA UNO DE MIS SENTIDOS, SE ACTIVA UNO DE LOS OTROS. PARA MÍ, ES EL OÍDO: SI ESCUCHO MÚSICA, INMEDIATAMENTE VEO UNA IMAGEN EN MI MENTE. TAMBIÉN ME PASÓ CON EL TAROT...

CUANDO PAMELA ESCUCHABA MÚSICA ORQUESTAL, TENÍA EXPERIENCIAS EXTRACORPORALES QUE LE PROVOCABAN VISIONES, A PARTIR DE LAS CUALES CREABA SUS IMÁGENES: CADA NOTA SE CONVERTÍA EN UNA PINCELADA...
...Y UTILIZÓ ESA TÉCNICA AL CREAR SUS ILUSTRACIONES PARA EL TAROT.
WAITE SE HABÍA CENTRADO EN LOS ARCANOS MAYORES, LE HABÍA PEDIDO QUE INCLUYERA SÍMBOLOS ESPECÍFICOS. PERO PARA LOS ARCANOS MENORES, HABÍA SUGERIDO CONEXIONES QUE PAMELA PODÍA ESTABLECER CON LA ASTROLOGÍA, QUE LUEGO DESARROLLÓ CON HISTORIAS DE SU INVENCIÓN...
...ELLA IMBUYÓ LAS CARTAS CON SU PROPIO ESTILO ARTÍSTICO, TRABAJÓ CON INFLUENCIAS DE LAS ARTES Y OFICIOS, DE LOS MOVIMIENTOS SIMBOLISTAS Y DEL *ART NOUVEAU*...
...ESTOS TOQUES APARECIERON EN LOS RASGOS FACIALES, LAS RICAS TELAS DE LAS ROPAS, ASÍ COMO EN LA ELECCIÓN DE RETRATAR MUCHAS FIGURAS DESDE ATRÁS Y MANTENER LOS ROSTROS EN EL MISTERIO, COMO EN EL POPULAR ESTILO ROMÁNTICO RÜCKENFIGUR DE AQUELLA ÉPOCA.
...LA RELACIÓN CON WAITE ERA DIFÍCIL: PAMELA QUERÍA MAYOR LIBERTAD ARTÍSTICA Y SER ACREDITADA JUNTO A RIDER Y WAITE CUANDO SE PUBLICARAN LAS CARTAS...

PAMELA FUE MUCHO MÁS QUE LA ILUSTRADORA DE LA BARAJA DEL TAROT. EN SU ÉPOCA, ERA CONOCIDA COMO LA PERSONA QUE, AL PARECER, INSPIRÓ EL PERSONAJE DE MADAME SOSOSTRIS Y SU «BAYA MALVADA» EN *TIERRA YERMA* DE T. S. ELIOT. EL TAROT HA FASCINADO DURANTE MUCHO TIEMPO A ARTISTAS E INTELECTUALES PORQUE TIENE EN SU CORAZÓN EL ARTE DE CONTAR HISTORIAS. PERO ¿CUÁL ES LA HISTORIA DEL TAROT?
EL TAROT NACIÓ COMO UNA BARAJA DE CARTAS QUE SE UTILIZÓ AL MENOS DESDE MEDIADOS DEL SIGLO XV. AUNQUE SU ORIGEN SE ENCUENTRA EN ITALIA, SE EXTENDIÓ POR LA MAYOR PARTE DE EUROPA, Y EVOLUCIONÓ HASTA CONVERTIRSE EN UNA FAMILIA DE JUEGOS QUE INCLUYE EL TAROT ALEMÁN Y JUEGOS MÁS MODERNOS COMO EL TAROT FRANCÉS.
A FINALES DEL SIGLO XVIII, LOS OCULTISTAS FRANCESES HICIERON AFIRMACIONES ELABORADAS (PERO FALSAS) SOBRE LA HISTORIA Y EL SIGNIFICADO DEL TAROT. ESTO CONDUJO A LA APARICIÓN DE BARAJAS PERSONALIZADAS EXCLUSIVAMENTE PARA LA ADIVINACIÓN. DE AHÍ SURGIERON DOS TIPOS DISTINTOS DE BARAJAS DEL TAROT: LAS DE JUEGOS DE CARTAS Y LAS DE ADIVINACIÓN. SIN EMBARGO, ALGUNOS PATRONES ANTIGUOS, ORIGINALMENTE PENSADOS PARA EL JUEGO DE CARTAS, COMO EL TAROT DE MARSELLA, SE HAN UTILIZADO DESDE ENTONCES PARA LA CARTOMANCIA.

...LAS CARTAS DEL TAROT APARECIERON POR PRIMERA VEZ EN MILÁN, EN EL NORTE DE ITALIA, CON EL LOCO Y LOS 21 TRIUNFOS (ARCANOS MAYORES) AÑADIDOS A LA BARAJA ITALIANA ESTÁNDAR DE CUATRO PALOS: BASTOS, OROS, COPAS Y ESPADAS...
...LOS ERUDITOS HAN ESTABLECIDO QUE EL TAROT EUROPEO PRIMITIVO PROBABLEMENTE SE BASÓ EN LA BARAJA MAMULCA EGIPCIA INVENTADA EN EL SIGLO XIV O ANTES, QUE SIGUIÓ A LA INTRODUCCIÓN DEL PAPEL DESDE ASIA EN EUROPA OCCIDENTAL.
EL TAROT RIDER-WAITE-SMITH ES LA BARAJA MÁS DIFUNDIDA DEL MUNDO. SE CONVIRTIÓ EN EL MODELO PARA TODAS LAS BARAJAS POSTERIORES PORQUE COMBINÓ EL ASPECTO ADIVINATORIO CON ELEMENTOS ARQUETÍPICOS, E INCORPORÓ LA SIMBOLOGÍA DEL MISTICISMO JUDÍO, EL CRISTIANISMO, LA FRANCMASONERÍA, LOS ROSACRUCES Y LA ASTROLOGÍA.

PERO ME GUSTARÍA SER RECORDADA POR OTRAS COSAS TAMBIÉN, NO SOLO POR LAS ILUSTRACIONES DE ESTAS CARTAS...

...POR LA EXPOSICIÓN DE MIS PINTURAS QUE HICE EN NUEVA YORK EN LA GALERÍA ALFRED STIEGLITZ; POR LA GREEN SHEAF, LA REVISTA QUE FUNDÉ. INCLUSO POR MI TRABAJO COMO ESCENÓGRAFA EN LA COMPAÑÍA DE TEATRO LYCEUM...

...O POR TODOS LOS DIBUJOS QUE HICE PARA LOS LIBROS DE MIS AMIGOS...

...¡PERO SOBRE TODO POR MI TEATRO DE JUGUETE! HICE MÁS DE 300 MARIONETAS COMO LA QUE OS MOSTRÉ.
PODRÍAS REESCRIBIR LA HISTORIA...

¿QUÉ QUIERES DECIR?
¿QUÉ HISTORIA?
LA HISTORIA DE RIDER-WAITE.

¡PODRÍAS HACER DE ELLOS MARIONETAS Y EXPLICARLES LAS COSAS!

¿QUIÉNES ERAN WAITE Y RIDER?
ARTHUR EDWARD WAITE FUE UN POETA Y MÍSTICO BRITÁNICO. NACIÓ EN BROOKLYN, NUEVA YORK, EN 1857 Y SE CRIO EN INGLATERRA. SE UNIÓ A LA ORDEN HERMÉTICA GOLDEN DAWN EN 1891 E INGRESÓ EN LA SOCIEDAD ROSACRUZ DE ANGLIA EN 1902. CUANDO SE CONVIRTIÓ EN GRAN MAESTRO DE LA ORDEN EN 1903, CAMBIANDO SU NOMBRE A SAGRADA ORDEN GOLDEN DAWN, MUCHOS MIEMBROS RECHAZARON SU ENFOQUE EN EL MISTICISMO EN LUGAR DE LA MAGIA, Y UN GRUPO RIVAL, STELLA MATUTINA (LUCERO DE LA MAÑANA), SE SEPARÓ ANTE LA INSISTENCIA DE W. B. YEATS.
PERO WAITE FUE MÁS CONOCIDO POR SER COCREADOR DE LA BARAJA DEL TAROT RIDER-WAITE-SMITH, IMPRESA POR PRIMERA VEZ EN 1909. TAMBIÉN ESCRIBIÓ EL FOLLETO QUE ACOMPAÑABA A LA BARAJA. TITULADO LA CLAVE DEL TAROT, DESCRIBÍA EL SIGNIFICADO DE CADA CARTA. WAITE TAMBIÉN CREÓ LA TIRADA DE LA CRUZ CELTA, QUE SIGUE SIENDO POPULAR HOY EN DÍA.
FUE AUTOR DE TEXTOS OCULTISTAS SOBRE TEMAS COMO LA ADIVINACIÓN, LOS ROSACRUCES, LA MASONERÍA, LA MAGIA NEGRA Y CEREMONIAL, LA CÁBALA Y LA ALQUIMIA. TAMBIÉN TRADUJO Y EDITÓ VARIOS TEXTOS IMPORTANTES SOBRE MISTICISMO Y ALQUIMIA. DE ESPECIAL IMPORTANCIA FUERON SUS OBRAS SOBRE EL SANTO GRIAL, INFLUENCIADAS POR SU AMISTAD CON ARTHUR MACHEN. FALLECIÓ EN 1942.

LA EDITORIAL QUE IMPRIMIÓ LA BARAJA DEL TAROT RIDER-WAITE FUE WILLIAM RIDER & SON, CON SEDE EN LONDRES Y FUNDADA ALREDEDOR DE 1882. POSTERIORMENTE, WILLIAM RIDER & SON SE ENCARGARÍA DE LA PUBLICACIÓN DE LIBROS Y OTROS MATERIALES RELACIONADOS CON EL OCULTISMO DEL EDITOR PHILLIP WELBY.
EL DIRECTOR EDITORIAL QUE COLABORÓ CON WAITE EN LA PUBLICACIÓN DE LA BARAJA DEL TAROT FUE RALPH SHIRLEY, QUE DIRIGIÓ WILLIAM RIDER & SON DURANTE 30 AÑOS. EN 1905, FUNDÓ OCCULT REVIEW, UNA REVISTA QUE SE PUBLICÓ DURANTE 20 AÑOS Y PARA LA QUE WAITE ESCRIBIÓ.
EL TAROT ES UNA FORMA DE INVESTIGACIÓN DEL SIMBOLISMO, SU ESTUDIO ES UN EXPERIMENTO MÍSTICO. HA SIDO, ES Y SERÁ UTILIZADO PARA LA ADIVINACIÓN.

CAPÍTULO 3

LA LUCHA POR LOS DERECHOS

Como nos muestran estas tres cartas, los obstáculos a los que nos enfrentamos brindan una oportunidad de aprender no sólo sobre nuestras fortalezas, sino también sobre nuestro lugar en el mundo.

a carta se refiere al compromiso vital
impulsar el cambio en la sociedad.
ata de la búsqueda de la verdad y de
er lo correcto al intentar transformar
la sociedad para mejor.

POR EL MOMENTO EN QUE PAMELA SE UNIÓ A LA LUCHA POR EL DERECHO A VOTAR DE LAS MUJERES.

Esta carta puede representar esclavitud, adicción y falta de control. Podría sugerir una situación en la que nos sentimos atrapados o limitados por nuestras acciones o decisiones.

POR EL MOMENTO EN QUE PAMELA ACABO EN PRISIÓN.

Esta carta simboliza la esperanza, la sanación y la confianza en el futuro. Incluso tras períodos de crisis, indica la posibilidad de regeneración y renovación, e inspira confianza y optimismo.

XVII

LA ESTRELLA

POR LA FORMA EN QUE PAMELA LOGRÓ SACAR LO MEJOR DE LAS COSAS Y ENCONTRAR UNA NUEVA FUERZA INTERIOR.

¿ISABEL?
DUENDECILLA, VEN AQUÍ...

NECESITABA UN MOMENTO PARA MÍ...

¿TE GUSTA MI ANANSI?
¡ES MUY DULCE!

ME ENTRISTECIÓ PENSAR EN LO QUE NORA QUERÍA. LAS CARTAS NO PUEDEN CAMBIAR LA REALIDAD DE LA VIDA...
NO PUEDEN HACER REALIDAD TUS SUEÑOS, NO, PERO PUEDEN MOSTRARTE DE DÓNDE SACAR FUERZA, O CÓMO EXPRESARTE DE MANERA DIFERENTE...

SI LO PIENSAS, LAS CARTAS RECHAZAN LA IDEA DE LA DERROTA, PORQUE SON UN VIAJE EN SÍ MISMAS...

...Y LAS ETAPAS POR LAS QUE PASAS SON MÁS IMPORTANTES QUE EL DESTINO.

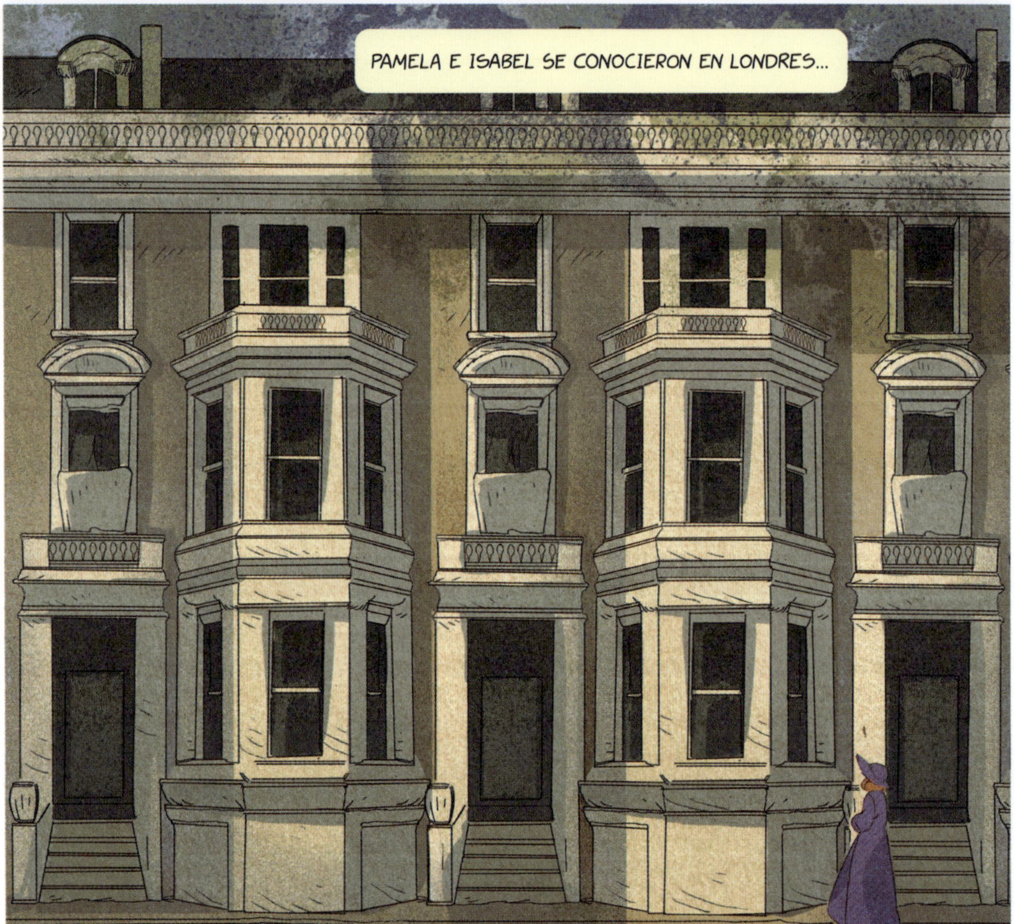

PAMELA E ISABEL SE CONOCIERON EN LONDRES...

¡BIENVENIDAS!
¡PASAD!
...AMBAS PARTICIPARON EN EL MOVIMIENTO SUFRAGISTA POR EL DERECHO A VOTAR DE LAS MUJERES.
¿PUEDO OFRECERTE UN OPAL HUSH?
¿QUÉ ES ESO?
ES UNA LIMONADA MISTERIOSA...

PARTICIPARON EN TODAS LAS MARCHAS DEL MOVIMIENTO, FUERON ARRESTADAS E INCLUSO PASARON UNA NOCHE EN LA PRISIÓN DE ROYAL HOLLOWAY...
EL VOTO PARA LA MUJER

...EL MOVIMIENTO TENÍA DIFERENTES VARIEDADES, Y PAMELA SE HABÍA UNIDO AL TALLER SUFRAGISTA...
EL VOTO PARA LA MUJER

...EL TALLER FUE FUNDADO EN 1909 POR LAURENCE Y CLEMENCE HOUSMAN, HERMANO Y HERMANA DEL POETA A. E. HOUSMAN, JUNTO CON AGNES HOPE JOSEPH Y ETHEL WILLIS.
FUNCIONABA COMO UN ESTUDIO DE ARTISTAS PARA CREAR IMÁGENES DE PROPAGANDA...

...OTRA PARTE DE SU MISIÓN ERA DESARROLLAR LOS TALENTOS DE LAS MUJERES IMPLICADAS, CUALQUIERA QUE FUERA SU CLASE SOCIAL.

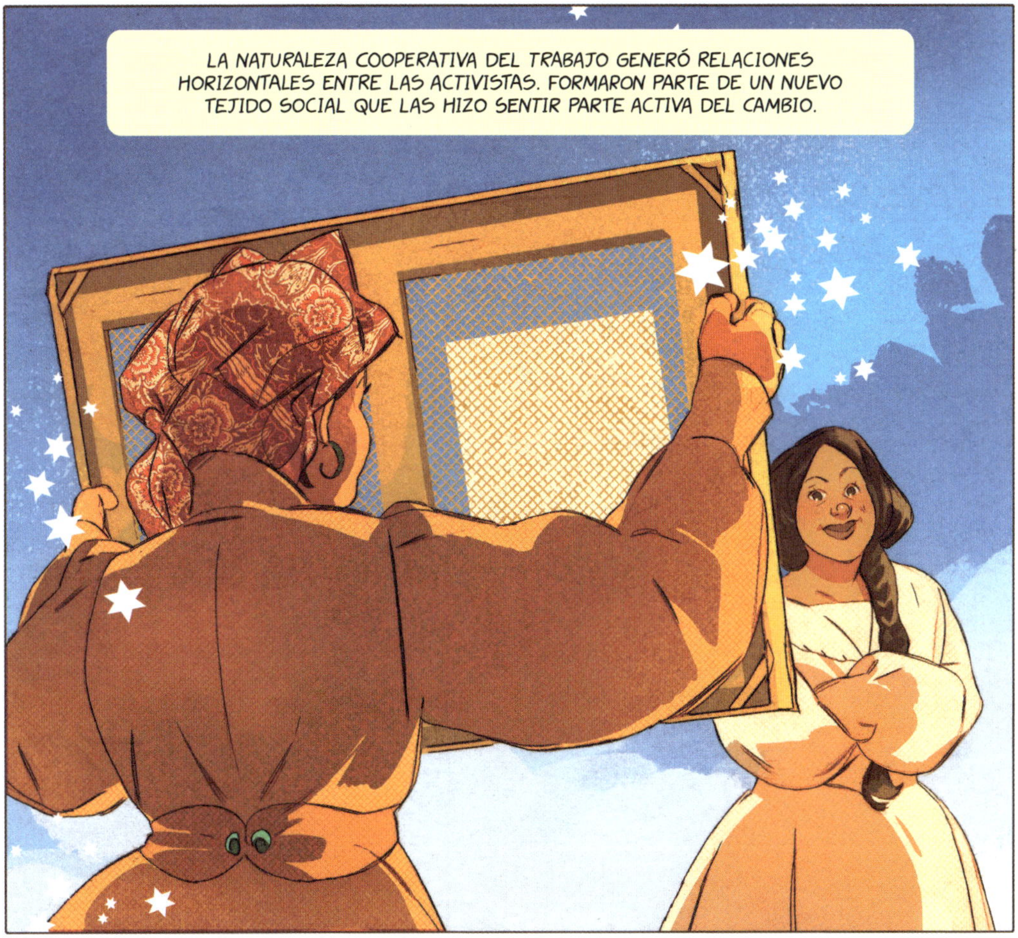

LA NATURALEZA COOPERATIVA DEL TRABAJO GENERÓ RELACIONES HORIZONTALES ENTRE LAS ACTIVISTAS. FORMARON PARTE DE UN NUEVO TEJIDO SOCIAL QUE LAS HIZO SENTIR PARTE ACTIVA DEL CAMBIO.

LOS CUENTOS DEL FOLCLORE JAMAICANO
LE ENSEÑARON A PAMELA A CONTAR
HISTORIAS MEDIANTE ARQUETIPOS.
LAS CONCISAS ILUSTRACIONES QUE CREÓ
PARA EL TAROT LE PERMITIERON CONVERTIR
ESOS ARQUETIPOS EN SÍMBOLOS.

...ESTO LE PERMITIÓ DESARROLLAR SU MUNDO SIMBÓLICO, QUE DIO A LAS MUJERES UN SIGNIFICADO DIFERENTE...
...LAS MUJERES YA NO ERAN LAS «CUIDADORAS» SIMBÓLICAS QUE HABÍAN SIDO PARA LOS HOMBRES EN EL PASADO: ERAN SERES EN ARMONÍA INTERCONECTADOS ENTRE SÍ, PARTE DEL MISMO ECOSISTEMA.

NUNCA OLVIDARÉ LA PRIMERA VEZ QUE ENTRÉ EN TU PISO. ÍBAMOS A UNA MARCHA, ¿TE ACUERDAS? NUNCA HABÍA VISTO UNA CASA TAN EXTRAÑA...

¡NI SIQUIERA SABÍAS LO QUE ERA UN OPAL HUSH!
¡OH, CALLA!
Y TERMINAMOS EN PRISIÓN...

ESO FUE DURO... QUE NOS VIERAN ASÍ, QUE NOS TRATARAN ASÍ...
¿QUÉ ESPERABAS? TODOS ERAN HOMBRES. SENTÍAN QUE ATACÁBAMOS SUS PRIVILEGIOS.

CUANDO VIVÍA EN JAMAICA, ME SENTÍA BASTANTE SOLA. LAS INGLESAS ERAN MUY...
¿ESNOBS?
SÍ, TAL VEZ... EL HECHO ES QUE SER SUPERIOR ERA LA ÚNICA FORMA DE SENTIRSE IMPORTANTE, DE TENER PODER. ¿LO VES?
EN REALIDAD, NO.
A TODOS LES GUSTA TENER PODER. MIENTRAS ALGUIEN, HOMBRE O MUJER, SE NIEGUE A CEDERLO, SIEMPRE HABRÁ DESIGUALDADES.
EN CIERTO MODO, TODOS SOMOS IGUALES EN LAS CARTAS...
LOS OBSTÁCULOS PUEDEN DIFERIR, PERO LOS ACONTECIMIENTOS Y DESEOS EN LA VIDA DE UN SER HUMANO SON LOS QUE SON: TANTO SI ERES UN REY, O ALGUIEN COMO NOSOTRAS...

PAMELA SE REFERÍA A LAS 22 CARTAS DE LOS ARCANOS MAYORES, PORQUE LOS ACONTECIMIENTOS SIGNIFICATIVOS DE NUESTRA EXISTENCIA SON LOS MISMOS PARA TODOS...
IX
EL ERMITAÑO
VIII
0
...LOS ARCANOS MAYORES NOS GUÍAN A TRAVÉS DE PERÍODOS DE CRECIMIENTO, TRANSFORMACIÓN Y AUTODESCUBRIMIENTO. NOS LLEVAN A REFLEXIONAR SOBRE CÓMO CAMBIAMOS CON EL TIEMPO Y QUÉ QUEREMOS REALMENTE...
EL LOCO
EL DIABLO

…NOS INCENTIVAN A EXPLORAR LAS INFLUENCIAS CÓSMICAS QUE DAN FORMA A NUESTROS VIAJES Y A BUSCAR CONOCIMIENTOS MÁS PROFUNDOS SOBRE LOS MISTERIOS DEL UNIVERSO.
EL CARRO
EL HIEROFANTE
LA LUNA
REY de COPAS
IX

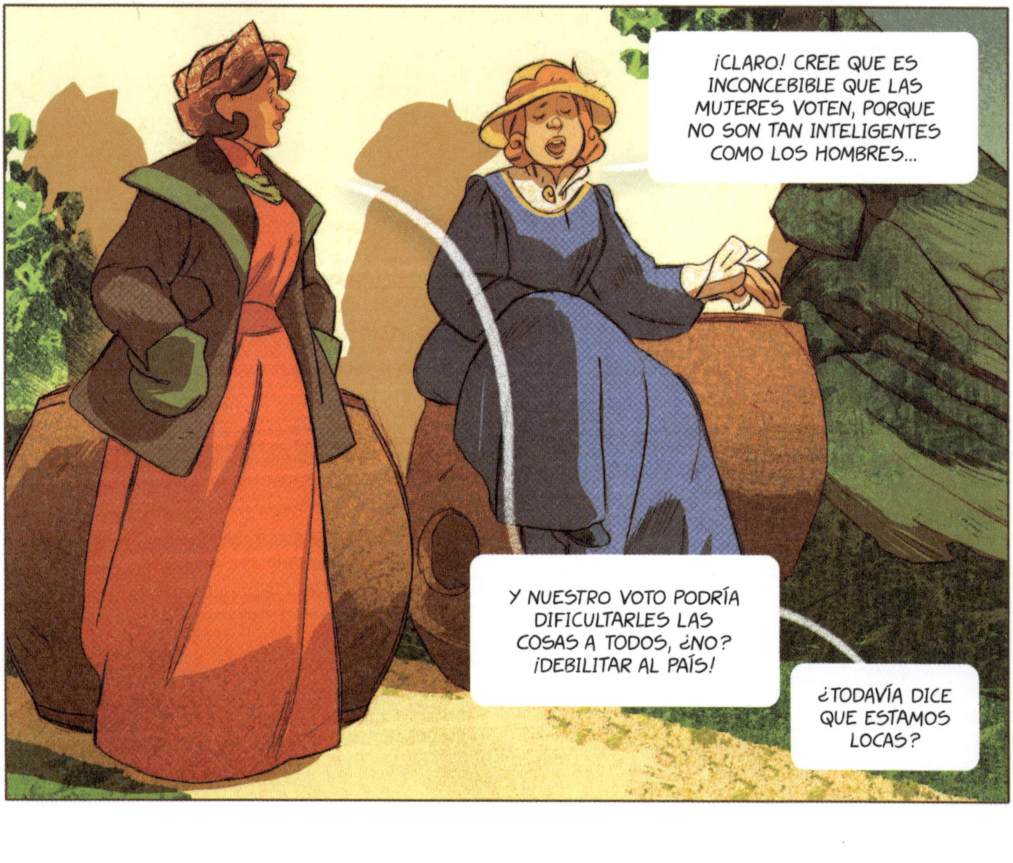

¡CLARO! CREE QUE ES INCONCEBIBLE QUE LAS MUJERES VOTEN, PORQUE NO SON TAN INTELIGENTES COMO LOS HOMBRES...

Y NUESTRO VOTO PODRÍA DIFICULTARLES LAS COSAS A TODOS, ¿NO? ¡DEBILITAR AL PAÍS!

¿TODAVÍA DICE QUE ESTAMOS LOCAS?

MI HERMANO ES UN IDIOTA. AHORA QUE HA APRENDIDO LA PALABRA «HISTÉRICA», ¡LA USA PARA DESCRIBIR A TODAS LAS MUJERES!
¡QUÉ INCREÍBLEMENTE SOFISTICADO DE SU PARTE!

¡DEBERÍAS HABER DIBUJADO A UNA MUJER EN LA CARTA DEL LOCO!

EL LOCO EMPIEZA UN VIAJE. ES UNA ESPECIE DE HÉROE SOLITARIO. NO CREO QUE WAITE LO HUBIERA PERMITIDO. ¡PERO UN DÍA, LA REPRESENTACIÓN CAMBIARÁ!

ELLA TENÍA RAZÓN. LA REPRESENTACIÓN CAMBIARÍA...
EL LOCO PARTE CON LO POCO QUE LLEVA ENCIMA. ESTÁ CONTENTO DE EMPEZAR Y LLENO DE ESPERANZA. NO TIENE NI IDEA DE LO QUE LE DEPARA LA VIDA, Y NO VE LO HONDO QUE PODRÍA CAER SI NO TIENE CUIDADO...

...TIENE SENTIDO QUE A ESTA CARTA SE LE DÉ EL NÚMERO 0, YA QUE REPRESENTA EL COMIENZO DEL VIAJE...
...PERO ¿QUÉ VIAJE EMPRENDE? ¿Y A QUIÉN SE ENCONTRARÁ EN EL CAMINO?

...PRIMERO EL LOCO SE ENCUENTRA CON EL MAGO, QUE LE ENSEÑA A USAR LAS HERRAMIENTAS QUE TIENE PARA CAMBIAR SU VIDA...
...LA SACERDOTISA LE MUESTRA QUE SU CREATIVIDAD PUEDE ENCONTRARSE EN SU LADO OSCURO...
...SE CRUZA CON EL CARRO. CRECE Y MADURA, CONVENCIDO DE QUE SU ÉXITO ACTUAL DURARÁ...
...EL HIEROFANTE ENSEÑA AL LOCO LOS COMPORTAMIENTOS QUE SON ACEPTADOS POR LA CULTURA EN LA QUE VIVE...
...LA EMPERATRIZ ENSEÑA AL LOCO A EXPLORAR Y ESTAR VIVO FRENTE A TODO LO QUE LO RODEA...
...EL EMPERADOR FOMENTA LAS REGLAS Y LA DISCIPLINA...
EL LOCO EMPIEZA A SENTIR QUE NECESITA A OTRA PERSONA. SE ENCUENTRA CON LOS AMANTES...
...EL DIABLO LE MUESTRA AL LOCO QUE, AUNQUE PUEDA SER FELIZ, ESTÁ DEMASIADO ATADO AL MUNDO MATERIAL...
...CONOCE AL ERMITAÑO Y COMIENZA A BUSCAR UN SIGNIFICADO MÁS PROFUNDO EN LA VIDA... CON LA RUEDA DE LA FORTUNA, ENTIENDE QUE TODO ESTÁ PLANIFICADO, SIN IMPORTAR CUÁN CONFUSO SEA...
...LA JUSTICIA HACE QUE EL LOCO CUESTIONE SU CAMINO HASTA AHORA; SE PREGUNTA SI QUIERE CONTINUAR O REGRESAR A SU VIDA ANTERIOR...

...EMPIEZAN A SUCEDER COSAS QUE REQUIEREN FUERZA. EL LOCO APRENDE QUE A VECES EL SUFRIMIENTO ES NECESARIO PARA CRECER...
...**EL SOL** LE RECUERDA **AL LOCO** QUE NO PUEDE HABER OSCURIDAD SIN LUZ, POR LO QUE ABRAZA LA BONDAD DEL MUNDO...
...**LA LUNA** LE PIDE QUE NO SE PIERDA EN LA ILUSIÓN Y QUE VIVA EN EL MUNDO REAL...
...ÉL SE VE REFLEJADO EN **EL COLGADO**: HASTA QUE NO DEJE IR SUS MIEDOS Y PERMITA QUE EL UNIVERSO HAGA SU TRABAJO, ESTARÁ ATASCADO...
...**LA ESTRELLA** ENSEÑA AL **LOCO** A NO ESCONDERSE Y A SER FIEL A SÍ MISMO; PUEDE VOLVER A TENER FE...
...**LA TORRE** ES UN SANTUARIO INTERIOR: ES EL MURO QUE EL LOCO HA CONSTRUIDO ALREDEDOR DE SÍ MISMO, Y DEBE SER DERRIBADO...
LA TEMPLANZA LE ENSEÑA LA ALEGRÍA DE UNA EXISTENCIA VIVIDA EN ARMONÍA, IMPULSADA POR LA MODERACIÓN EN LUGAR DE POR LOS EXTREMOS...
...**EL JUICIO** HACE QUE **EL LOCO** CONSIDERE SUS ERRORES PASADOS, QUE COMETIÓ POR IGNORANCIA Y MIEDO... AHORA PUEDE DEJAR ATRÁS LO SUPERFLUO Y PERSEGUIR SUS SUEÑOS...
...**LA MUERTE** NO SIEMPRE ES EL FINAL, PERO DEBES SABER CUÁNDO ALGO HA TERMINADO...
...**EL LOCO** SALE AL MUNDO CON UNA NUEVA COMPRENSIÓN DE LA VIDA, EL AMOR Y LA FELICIDAD. ¡ESTÁ LISTO PARA CUMPLIR SU DESTINO!

CAPÍTULO 4

REUNIONES IMPORTANTES

Todos expresamos nuestro potencial en múltiples áreas,
y las amistades suelen ser un catalizador para ello.
¡Eso es lo que se interpreta que significan estas tres cartas!

El tres de copas representa la amistad, la celebración, la ermandad y las alianzas creativas. Revela la importancia de la amistad en nuestra vida.

III

POR LA FORMA EN QUE LA AMISTAD PUEDE SER TAN PODEROSA COMO EL AMOR ROMÁNTICO.

Esta carta representa la fuerza y el coraje para hacer cualquier cosa en la vida. Por muy aterrador o desafiante que sea algo (por ejemplo, enamorarse), esta carta habla de tener el coraje de hacerlo pase lo que pase.

VIII

LA FUERZA

POR LA CONFIANZA Y EL APOYO DE SUS AMIGOS, QUE AYUDARON A PAMELA A MANTENERSE FUERTE.

La carta del cinco de copas, invertida, reconoce que si te sientes culpable o avergonzado por algo en tu vida, puedes superar estos sentimientos y seguir adelante. No puedes cambiar el pasado, pero puedes aprender de él y, como resultado, salir más fuerte.

POR LA CAPACIDAD DE PAMELA DE IR MÁS ALLÁ DE LAS EXPECTATIVAS SOCIALES Y DESCUBRIR SU VERDADERO YO.

¡¿DÓNDE ESTABAS?!

SÓLO NECESITÁBAMOS UN POCO DE AIRE FRESCO...

¡PLAS, PLAS!
¡ES EL TURNO DE ISABEL!
¡PLAS, PLAS!
¡VAMOS, NO PUEDES ECHARTE ATRÁS AHORA, BARÁJALAS!

BUENO, ¡VEAMOS SI ME QUEDO SOLTERA O SI POR FIN ENCONTRARÉ UN MARIDO PARA TRANQUILIZAR A MI PADRE!
¡LAS DIABLAS INQUIETAS COMO NOSOTRAS NUNCA PODEMOS COMPLACER A NADIE!
ÉSTA... Y ME GUSTA ÉSTA... ¡Y ÉSTAS!

¡DIOS MÍO, TE CASARÁS EL PRÓXIMO MES!
¿DE QUÉ ESTÁS HABLANDO?

¿TIENES MIEDO? ¡ASÍ QUE TAL VEZ SÍ CREES UN POCO EN EL TAROT!
SIGO SIENDO ESCÉPTICA...
¡PERO STENDHAL DIJO QUE PARA SER DE MENTE INDEPENDIENTE HAY QUE TENER SIEMPRE LA MENTE ABIERTA!

ECHEMOS UN VISTAZO...
...ESTE ERMITAÑO INVERTIDO NOS DICE QUE HAY MIEDO A LA SOLEDAD EN TU PRESENTE. ESTAR SOLA TE ASUSTA UN POCO. TU RETO SON ESTOS AMANTES INVERTIDOS: CREES QUE NO MERECES AMOR Y TIENES MIEDO DE QUE TE LASTIMEN...

...UN DOS DE COPAS INVERTIDO SUGIERE QUE DEBES CENTRARTE EN EL AMOR HACIA TI MISMA Y VALORAR TU AUTÉNTICO YO. SI AMAS QUIEN ERES, PODRÁS ABRIR TU CORAZÓN A LOS DEMÁS...
II
EL CUATRO DE BASTOS SE REFIERE A TU PASADO. NOS DICE QUE NO TE SENTÍAS AMADA EN CASA, Y, POR LO TANTO, NO TE SENTÍAS DIGNA DE AMOR...
IV
XVII
LA ESTRELLA
...Y DEBES ENCONTRAR TUS FORTALEZAS: ESTE OCHO DE ESPADAS ES LA PRUEBA DE TU MIEDO AL AMOR... ESTÁS ATRAPADA ENTRE ESTOS DOS MIEDOS: NO QUIERES ESTAR SOLA, PERO TIENES MIEDO A ENAMORARTE...
VIII
...¡PERO ÉSTA ES UNA CARTA MARAVILLOSA PARA TU FUTURO! LA ESTRELLA ES LA CARTA DE LA ESPERANZA, LA CONFIANZA Y LA RENOVACIÓN. ES UNA SEÑAL DE QUE NECESITAS TENER MÁS CONFIANZA EN TI MISMA: HA LLEGADO EL MOMENTO DE CRECER Y DESARROLLARTE COMO PERSONA...

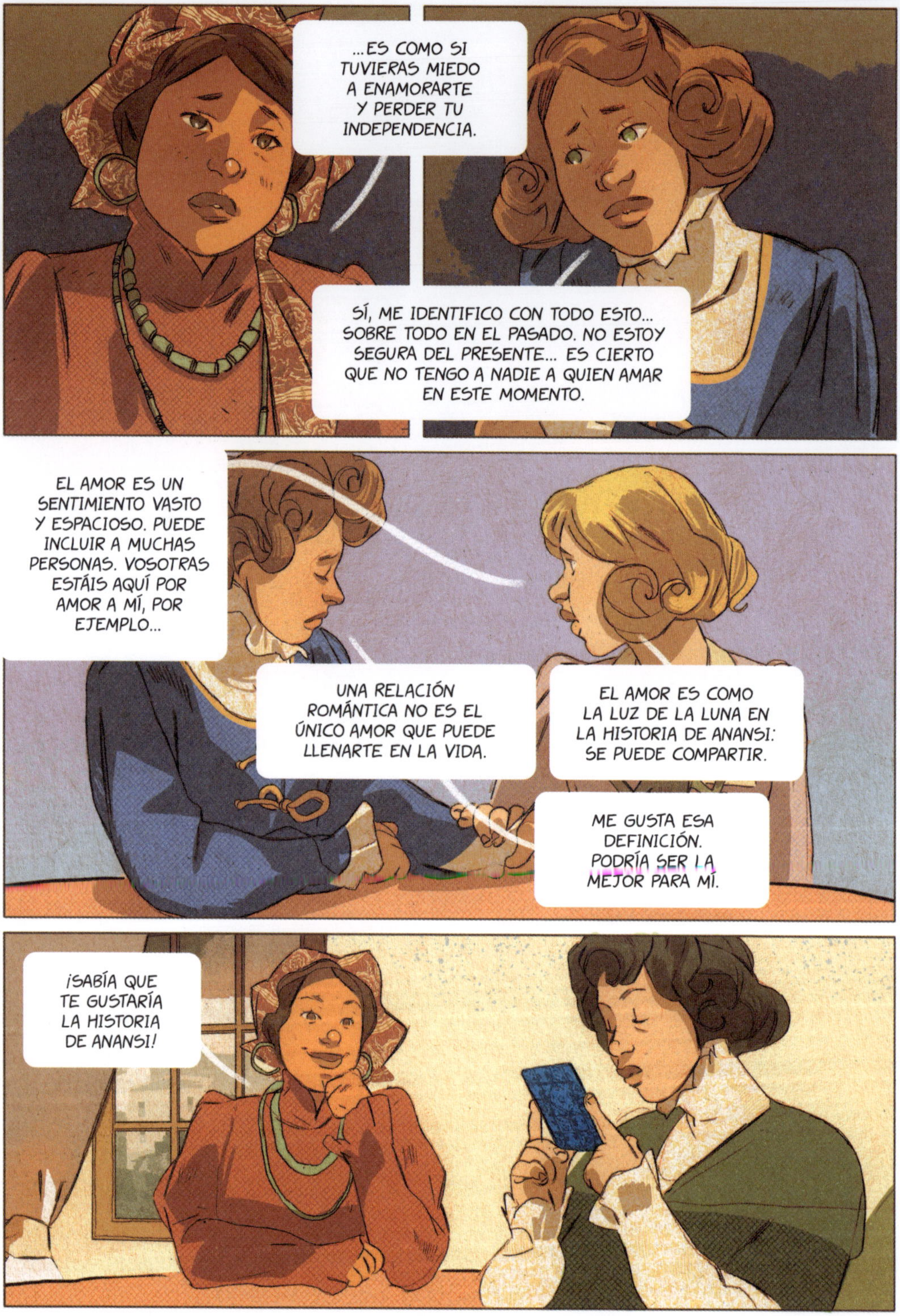

...ES COMO SI TUVIERAS MIEDO A ENAMORARTE Y PERDER TU INDEPENDENCIA.

SÍ, ME IDENTIFICO CON TODO ESTO... SOBRE TODO EN EL PASADO. NO ESTOY SEGURA DEL PRESENTE... ES CIERTO QUE NO TENGO A NADIE A QUIEN AMAR EN ESTE MOMENTO.

EL AMOR ES UN SENTIMIENTO VASTO Y ESPACIOSO. PUEDE INCLUIR A MUCHAS PERSONAS. VOSOTRAS ESTÁIS AQUÍ POR AMOR A MÍ, POR EJEMPLO...

UNA RELACIÓN ROMÁNTICA NO ES EL ÚNICO AMOR QUE PUEDE LLENARTE EN LA VIDA.

EL AMOR ES COMO LA LUZ DE LA LUNA EN LA HISTORIA DE ANANSI: SE PUEDE COMPARTIR.

ME GUSTA ESA DEFINICIÓN. PODRÍA SER LA MEJOR PARA MÍ.

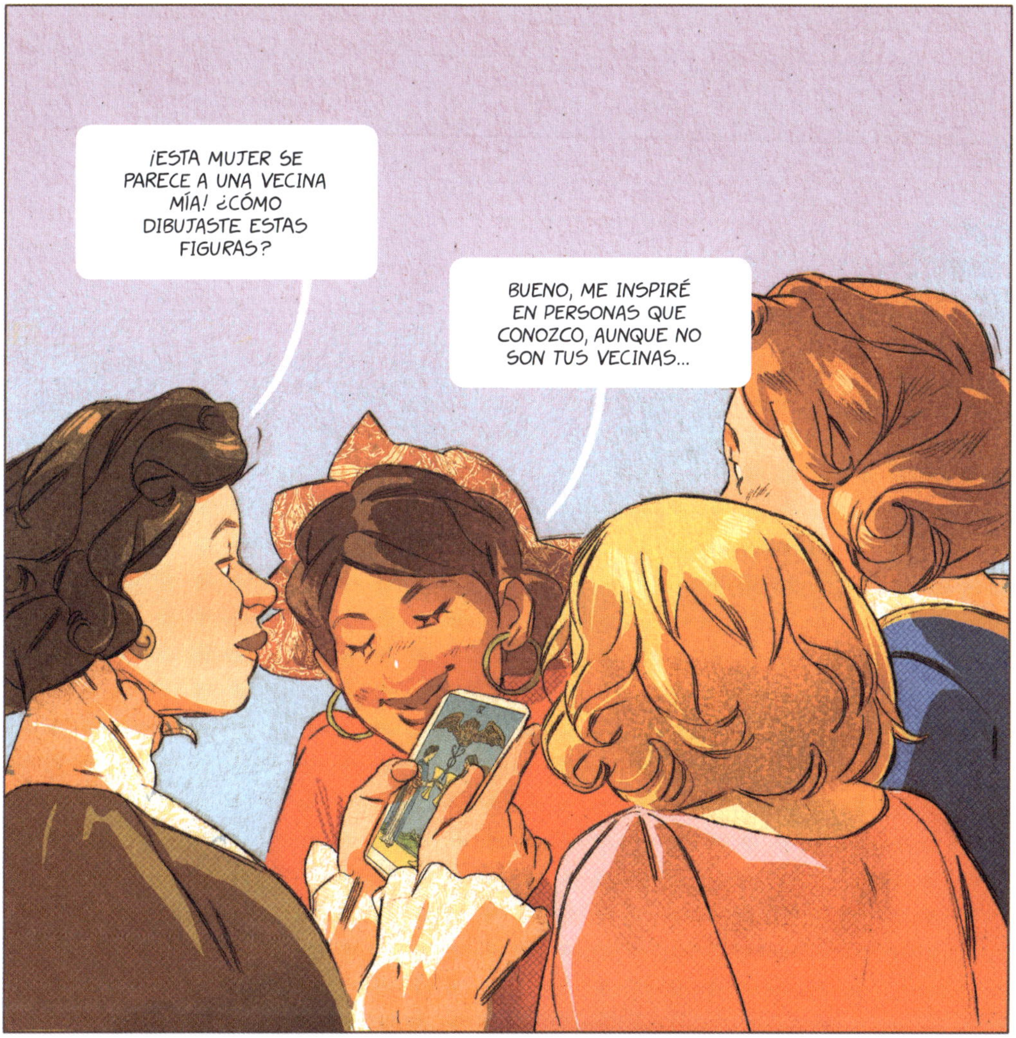

¡ESTA MUJER SE PARECE A UNA VECINA MÍA! ¿CÓMO DIBUJASTE ESTAS FIGURAS?

BUENO, ME INSPIRÉ EN PERSONAS QUE CONOZCO, AUNQUE NO SON TUS VECINAS...

PAMELA NO EXPLICÓ A SUS AMIGAS LAS CARTAS DE LA CORTE EN DETALLE, PORQUE A VECES PUEDE RESULTAR DIFÍCIL DESCIFRAR LOS ARCANOS MENORES.
HAY 16 CARTAS DE LA CORTE EN TODA LA BARAJA. VIENEN DESPUÉS DEL NÚMERO 10 Y PRESENTAN A LA SOTA, EL CABALLO, EL REY Y LA REINA.
...ES COMO SI CADA PALO TUVIERA SU PROPIA FAMILIA REAL. PERO DURANTE UNA LECTURA, PUEDEN REPRESENTAR A LA PERSONA QUE HACE LA PREGUNTA —A VECES LLAMADA «CONSULTANTE» O «BUSCADOR»— O A PERSONAS REALES DE SU VIDA.

POR ESO, SU INTERPRETACIÓN REQUIERE GRAN HABILIDAD, SOBRE TODO PARA DETERMINAR A QUIÉN REPRESENTAN. PERO PUEDE SER ÚTIL CONSIDERAR LA POSICIÓN DE LA CARTA EN RELACIÓN CON LAS DEMÁS EN LA TIRADA...

...CADA CARTA DE LA CORTE TIENE UN SIGNIFICADO DIFERENTE SEGÚN SU PALO, Y LOS PALOS REPRESENTAN LOS CUATRO ELEMENTOS DE LOS QUE SE ORIGINAN TODAS LAS COSAS...
LOS BASTOS SE ASOCIAN AL FUEGO Y LA ENERGÍA DEL ESPÍRITU, ASÍ COMO A QUIENES RESISTEN LAS ADVERSIDADES. AL IGUAL QUE EL FUEGO, LOS BASTOS PUEDEN CREAR Y DESTRUIR COSAS, PUES SIMBOLIZAN LA PASIÓN Y LA BRUTALIDAD. DEBEMOS SABER DÓNDE DIRIGIR ESTE DINAMISMO PARA NO PERDERLO, Y RECORDAR QUE QUIENES NOS RODEAN SUFREN LAS CONSECUENCIAS DE NUESTRAS ACCIONES.
LAS COPAS ESTÁN RELACIONADAS CON EL AGUA, CON LOS SENTIMIENTOS, CON NUESTRAS RELACIONES CON LOS DEMÁS Y CON NUESTROS SUEÑOS Y DESEOS MÁS PROFUNDOS. LAS COPAS SE UTILIZAN PARA SANAR Y LAVAR, PERO SU AGUA DEBE FLUIR LIBREMENTE PARA NO ESTANCARSE NI SUMERGIR NADA.

LAS ESPADAS ESTÁN RELACIONADAS CON EL AIRE, EL JUICIO Y LA FORTALEZA MENTAL. LA MENTE ES EL LUGAR DEL LENGUAJE Y LA MEMORIA; PUEDE SER ENGAÑOSA, PERO TAMBIÉN PROPORCIONA CLARIDAD INTERIOR...
LOS OROS SE ASOCIAN A LA TIERRA, LA RIQUEZA Y EL MUNDO MATERIAL. NOS HABLAN DEL TRABAJO Y DE NUESTRAS RESPONSABILIDADES, ASÍ COMO DEL COMPROMISO CON NUESTROS SUEÑOS Y LA DETERMINACIÓN PARA ALCANZARLOS.

¿QUÉ TE PARECE, DUENDECILLA, SI NOS TOMAMOS UN OPAL HUSH?
¡OH, ME ENCANTARÍA!

¿QUÉ ES ESO?

LLENA UN CUARTO DE UNA COPA DE VINO CON VINO TINTO, PREFERENTEMENTE CLARETE. LUEGO, LLÉNALA HASTA EL BORDE CON LIMONADA DE UN SIFÓN...
¡ME ENGAÑASTE! ¡LA PRIMERA VEZ QUE LO BEBIMOS ME DIJISTE QUE ERA SÓLO UNA «LIMONADA MISTERIOSA»!

¡ASÍ LA LLAMA YEATS! MI CASA SE LLENA TODAS LAS SEMANAS DE POETAS, ESCRITORES Y MÚSICOS, ¡Y ES LA BEBIDA FAVORITA DE NUESTRO CÍRCULO!
TIENES TANTOS AMIGOS EN LONDRES QUE ¡SIEMPRE ESTÁS OCUPADA!
SIN ELLOS NUNCA HABRÍA ENCONTRADO MI CAMINO EN EL MUNDO. ¡SON UN VALIOSO RECURSO AL QUE VUELVO A MENUDO!

MI MADRE MURIÓ CUANDO TENÍA 18 AÑOS, MI PADRE CUANDO TENÍA 22...
...CUANDO ERA NIÑA ME ENCANTABA EL LIBRO DE HOWARD PYLE *EL JARDÍN DETRÁS DE LA LUNA*, Y POR ESO IMAGINÉ A MIS PADRES JUNTOS EN LA CASA DE LA LUNA, MIRANDO POR LA VENTANA...
ME SENTÍ MUY SOLA, ASÍ QUE REGRESÉ A LONDRES. ALLÍ TENÍA AMIGOS Y COMENCÉ UNA NUEVA ETAPA TRABAJANDO CON LA COMPAÑÍA DE TEATRO LYCEUM...
...PASABA EL TIEMPO CON LA COMPAÑÍA, EL GERENTE BRAM STOKER, EL ACTOR HENRY IRVING Y UNA MUJER QUE SE CONVERTIRÍA EN UNA AMIGA IMPORTANTE: ELLEN TERRY.

ME EMOCIONÓ MUCHO LA IDEA DE TRABAJAR CON UNA ACTRIZ TAN FAMOSA. DISEÑÉ LOS DECORADOS Y CREÉ IMÁGENES PUBLICITARIAS PARA LA GIRA DE LA COMPAÑÍA POR ESTADOS UNIDOS. A VECES INCLUSO APARECÍ COMO EXTRA EN ESCENAS QUE LO REQUERÍAN...
ELLEN CONFIABA EN MÍ Y ELOGIABA MI ESFUERZO, AUNQUE NO ME PAGABAN MUCHO...
...ME HABLABA A MENUDO DE SUS HIJOS, EDITH Y GORDON, CON QUIENES CONSTRUÍ UNA AMISTAD INTENSA. EDITH ES MUY ACTIVA EN EL MOVIMIENTO SUFRAGISTA, IGUAL QUE SU MADRE, E ISABEL Y YO LOS VEMOS MUCHO EN LONDRES...

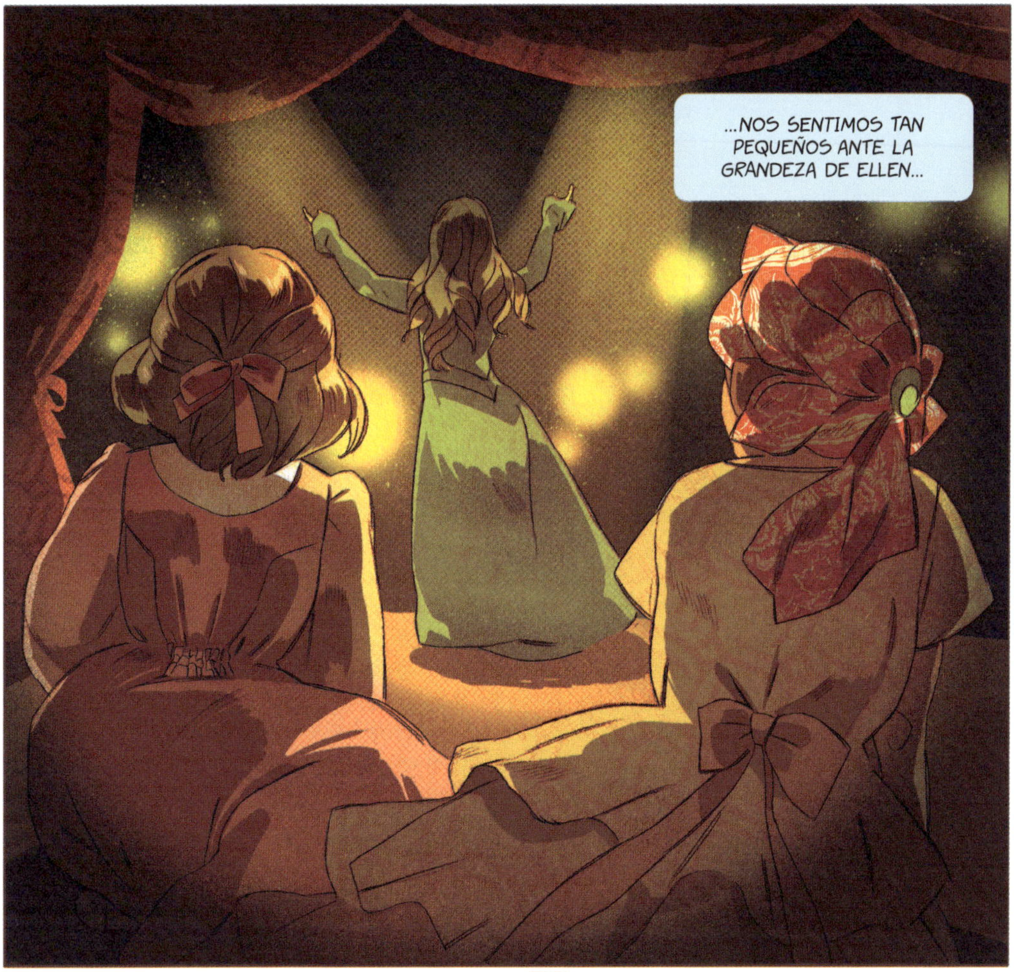

...NOS SENTIMOS TAN PEQUEÑOS ANTE LA GRANDEZA DE ELLEN...

TRABAJÉ EN TEATRO CON EDY Y SU HERMANO GORDON. A ÉL LE DEBO MIS VISIONES SINESTÉSICAS. UN DÍA, MIENTRAS TOCABA BACH AL PIANO, ME OCURRIÓ ALGO ASOMBROSO...
...ERA COMO SI UNA CORTINA OSCURA SE HUBIERA CORRIDO DELANTE DE MÍ, CON UN SÓLO AGUJERO A TRAVÉS DEL CUAL PODÍA VER UNA ORILLA DE RÍO CON ÁRBOLES, Y ALREDEDOR DE ELLOS BAILABAN PEQUEÑOS DUENDES.
DE INMEDIATO DIBUJÉ EN UN PEDAZO DE PERIÓDICO LO QUE HABÍA VISTO Y, UNA VEZ TERMINÉ, EL AGUJERO EN LA CORTINA SE CERRÓ.

CASI AL MISMO TIEMPO, TRABAJABA MUCHO CON YEATS. ME CONTÓ QUE SU PADRE LE HABÍA DICHO QUE YO LLEGARÍA LEJOS, «PORQUE CREE EN TODAS SUS IDEAS», COMO DECÍAN DE ROBESPIERRE.

...EN ESE MOMENTO LE DIJE QUE NO QUERÍA QUE ME CORTARAN LA CABEZA, LO QUE LE HIZO REÍR. LE GUSTÓ MI FRANQUEZA, PERO A VECES ME VEÍA MÁS INGENUA DE LO QUE ERA.

FUE YEATS QUIEN ME PRESENTÓ A LA GOLDEN DAWN, Y POR AQUELLA ÉPOCA DISEÑÉ ALGUNOS DECORADOS PARA SUS PRODUCCIONES TEATRALES. ÉRAMOS AMIGOS. PASABA TIEMPO CON SU FAMILIA, SUS HERMANOS...

ÉL TENÍA UNA IDEA CLARA DE QUIÉN ERA YO Y QUERÍA GUIARME. PERO LLEGÓ UN MOMENTO EN QUE NECESITÉ ENCONTRAR MI VERDADERO YO...

¿A QUÉ TE REFIERES? ¿NO SENTÍAS QUE FUERAS TU VERDADERO YO?
A VECES, CUANDO ADMIRAMOS A ALGUIEN, QUEREMOS SER DIGNOS DE ÉL Y PARA AGRADARLE OLVIDAMOS QUIÉNES SOMOS...

...Y LUEGO TENEMOS QUE SER LO SUFICIENTEMENTE VALIENTES COMO PARA ENCONTRAR NUESTRO PROPIO CAMINO, ¡COMO ME HAN DICHO HOY LAS CARTAS!

NECESITO DESCANSAR UN MOMENTO. ¿SUBIMOS?

CLARO, LLEVAMOS HORAS AQUÍ SENTADAS.

GRACIAS POR CONTARNOS TODO ESTO. ¡TU VIDA HA ESTADO LLENA DE AVENTURAS!
CUANDO MIS PADRES MURIERON ME SENTÍ TAN PERDIDA... PERO CADA NUEVO ENCUENTRO DABA LUZ A UNA NUEVA DUENDECILLA...

SÍ... ESTOY ORGULLOSA DE LA FORMA EN QUE SEGUÍ ADELANTE...

CAPÍTULO 5

LA BÚSQUEDA DE LA ESPIRITUALIDAD

Estas tres cartas proporcionan una visión que nos muestra que la búsqueda de la verdad y el significado de la vida por parte de cada persona pone en contacto diferentes espiritualidades entre sí.

Esta carta simboliza un viaje spiritual de por vida. El ermitaño es una señal de que debes explorar tu espiritualidad y, quizá, buscar un mentor que te guíe en tu viaje espiritual a través de la vida.

IX

EL ERMITAÑO

POR EL PROFUNDO EFECTO QUE LA BÚSQUEDA DE LA ESPIRITUALIDAD TUVO EN LA VIDA DE PAMELA.

Representa la ansiedad, el recelo y la inseguridad, así como los miedos e ilusiones que surgen al proyectar nuestras inseguridades hacia el presente o el futuro. Estas emociones están relacionadas con no tener un lugar donde sentirnos seguros.

XVIII

LA LUNA

POR EL HECHO DE QUE NO FUERON LOS LUGARES, SINO LAS PERSONAS, QUIENES LE DIERON CONFIANZA A PAMELA.

Tras un período de estrés y ansiedad, el cuatro de espadas representa una búsqueda de paz interior. Esto puede significar que necesitas descansar y quizás alejarte de aquellas personas y lugares que te dificultan alcanzar esa paz. Necesitas tomarte un tiempo para ti misma para recargar energías y descubrir quién eres.

POR LA ÚNICA VERDADERA FORMA DE LIBERTAD Y PAZ INTERIOR: LA AUTOACEPTACIÓN.

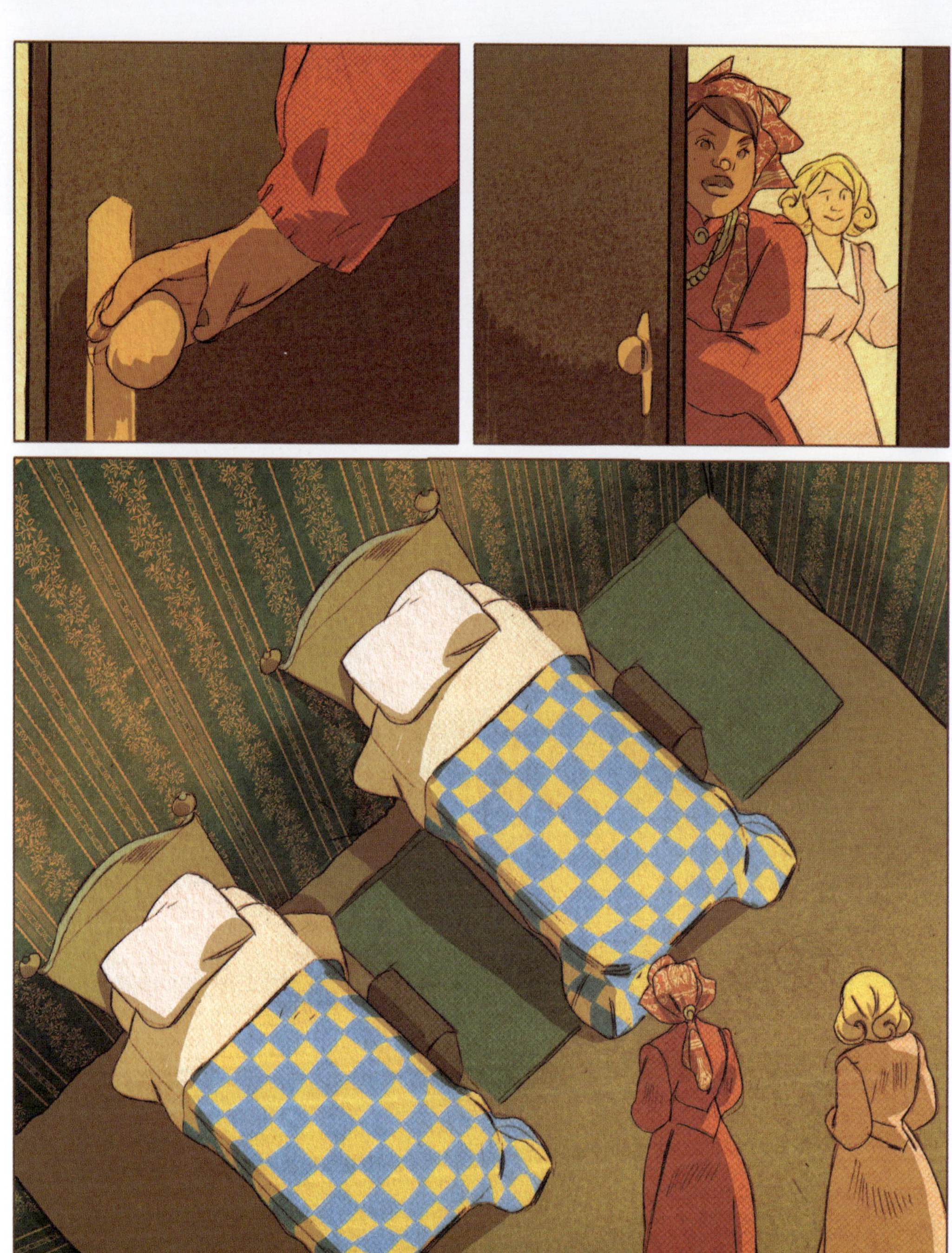

¡POR FIN! ¡ESTOY AGOTADA! ¡QUIZÁ ME QUEDE DORMIDA...!

¡NI SE TE OCURRA! ¡QUEREMOS LLEVARTE A VER LOS ACANTILADOS!
Y LA NIEBLA TAMBIÉN SE HA DISIPADO; ES EL MOMENTO ADECUADO.

¿ESO ES UNA BIBLIA?

SI, LA ESTOY LEYENDO...

PRIMERO NOS HABLAS DE ESPÍRITUS, DE FOLCLORE JAMAICANO Y DEL TAROT. ¿Y LUEGO LEES LA BIBLIA?

NO HAY LÍMITES PARA MIS EXPLORACIONES ESPIRITUALES; UNA COSA NO EXCLUYE A LA OTRA. EN LA GOLDEN DAWN HABLÁBAMOS A MENUDO DEL CATOLICISMO... ¿HAS OÍDO HABLAR DE ÉLIPHAS LÉVI?
NO, ¿QUIÉN ES?

A MENUDO NOS REFERIMOS A ÉL EN LA GOLDEN DAWN PORQUE ESCRIBIÓ UN LIBRO IMPORTANTE, *TRANSCENDENTAL MAGIC, ITS DOCTRINE AND RITUAL*, PERO ORIGINALMENTE QUERÍA SER SACERDOTE...

...EL PROPIO WAITE FUE CRIADO COMO CATÓLICO, E INCLUSO ESCRIBIÓ UN ENSAYO SOBRE EL SANTO GRIAL. ESTABA CONVENCIDO DE QUE EXISTÍA UNA FORMA OCULTA DE CRISTIANISMO QUE TRANSMITÍA SUS SECRETOS SÓLO A UNOS POCOS SELECCIONADOS...

...EL TAROT ES UN EJEMPLO DE ESTO PARA ÉL. ¿CÓMO ES POSIBLE QUE ESTOS SÍMBOLOS SEAN TAN UNIVERSALES Y HABLEN A TODA MENTE HUMANA? COMO SI FUERAN UN JUEGO DE LLAVES QUE ABRIERA TODAS LAS PUERTAS...

...LO CURIOSO ES QUE WAITE ESCRIBIÓ LA BIOGRAFÍA DE UN MÍSTICO CATÓLICO LLAMADO LOUIS-CLAUDE DE SAINT-MARTIN, QUIEN A SU VEZ FUE INFLUENCIADO POR LAS IDEAS DE EMANUEL SWEDENBORG...

¿Y A QUÉ MOVIMIENTO RELIGIOSO PERTENECÍAN MIS PADRES? ¡SÍ, EL SWEDENBORGIANISMO! SIEMPRE SE CIERRA EL CÍRCULO.
¡YA ME DA VUELTAS LA CABEZA! NO ENTIENDO... ¿QUIÉN ERA ESE SUECO?

EMANUEL SWEDENBORG FUE UN FILÓSOFO Y MÍSTICO SUECO. ORIGINALMENTE SE ADHIRIÓ AL LUTERANISMO, PERO DURANTE SU VIDA TUVO UNA SERIE DE VISIONES SOBRE LA EXISTENCIA DESPUÉS DE LA MUERTE...
...QUERÍA ENSEÑAR A LA GENTE A MIRAR «A TRAVÉS Y MÁS ALLÁ» DE LAS COSAS, PARA QUE PUDIERAN COMUNICARSE CON LOS ÁNGELES Y LOS ESPÍRITUS DE UN MUNDO QUE LOS OJOS NO PODÍAN VER...
...ÉL VIO EL UNIVERSO COMO UN ÚNICO Y ENORME SER, DEL CUAL SOMOS SÓLO LAS PARTES MÁS PEQUEÑAS, PERO INTERCONECTADAS.

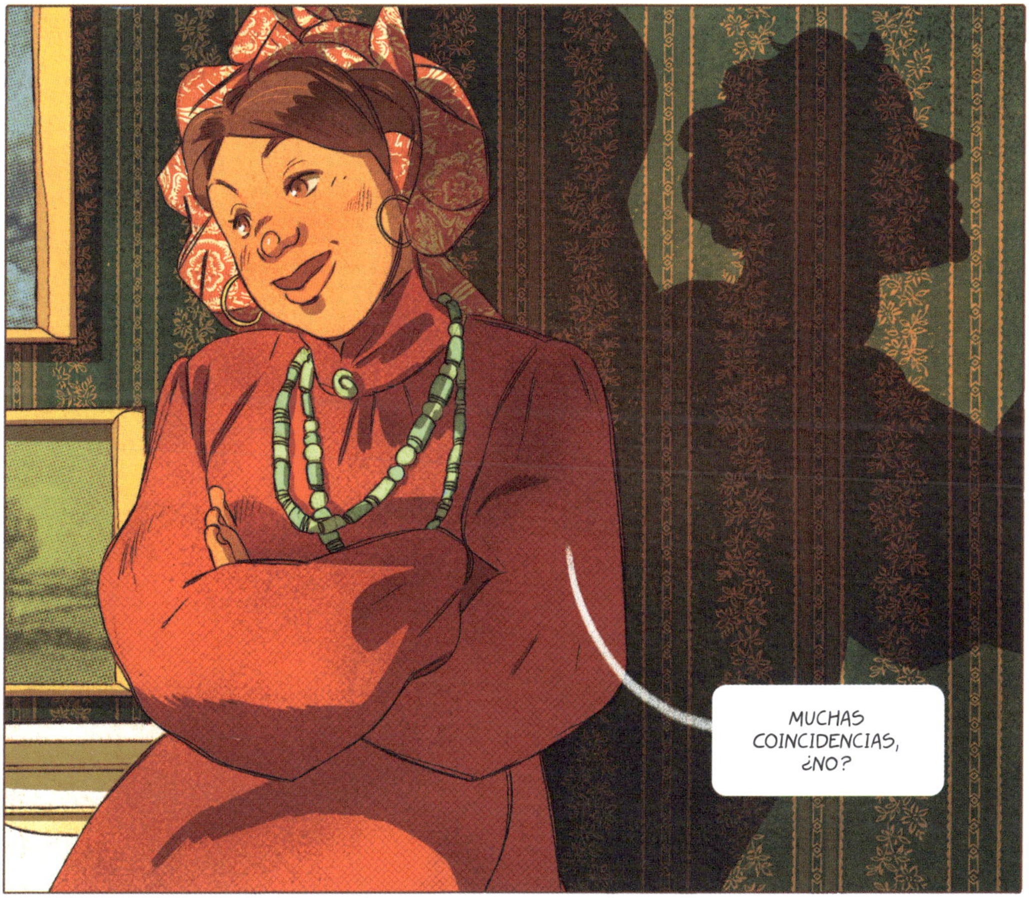

MUCHAS COINCIDENCIAS, ¿NO?

¿PURA CASUALIDAD O ALGO PREDESTINADO? EL FILÓSOFO CARL JUNG ACUÑÓ EL TÉRMINO «SINCRONICIDAD» PARA DESCRIBIR EL FENÓMENO EN EL QUE LOS ACONTECIMIENTOS SE CONECTAN POR SIGNIFICADO, MÁS QUE POR CAUSA Y EFECTO.
...ES EL TIPO DE SITUACIÓN EN LA QUE SOÑAMOS CON ALGO Y LUEGO ELEMENTOS DEL SUEÑO APARECEN EN NUESTRAS VIDAS AL DÍA SIGUIENTE, O CUANDO PENSAMOS EN ALGUIEN Y SU NOMBRE SE MENCIONA POCO DESPUÉS. LO QUE IMPORTA NO ES EL EVENTO EN SÍ, SINO EL SIGNIFICADO QUE LA PERSONA LE ATRIBUYE.

EN EL TAROT, ESA TEORÍA SUGIERE QUE LAS CARTAS NO SE SACAN POR CASUALIDAD: TIENEN UN SIGNIFICADO SIMBÓLICO TANTO PARA LA PERSONA A LA QUE SE LEEN COMO PARA LA PERSONA QUE HACE LA LECTURA.
...LAS CARTAS GENERAN SINCRONICIDAD PORQUE ALINEAN NUESTRA MENTE CONSCIENTE CON LA INCONSCIENTE. ESTO NOS DA LA INFORMACIÓN NECESARIA PARA ENCONTRARLE SENTIDO A LAS COSAS. Y POR ESO CADA LECTOR INTERPRETA LAS MISMAS CARTAS DEL TAROT DE MANERA DIFERENTE: PORQUE LA SINCRONICIDAD FUNCIONA DE MANERA DISTINTA PARA CADA PERSONA.

EPÍLOGO

Una parte
del universo

LA DUENDECILLA

ME GUSTARÍA DAROS UN REGALO A CADA UNA DE VOSOTRAS.

BETH,
TE DEJO A LA
EMPERATRIZ...
LA EMPERATRIZ

PORQUE DICE QUE
ENCONTRAMOS LA
FELICIDAD EN
LA BELLEZA QUE
NOS RODEA, Y
PERMITE QUE LAS
COSAS SIGAN SU
CURSO NATURAL...
THE EMPRESS

ISABEL, PARA GANAR LA
LUCHA POR NUESTROS
DERECHOS, DEBEMOS
IMAGINAR LO QUE PUEDE
PASAR DE FORMA
REALISTA. TEN PACIENCIA
Y MANTENTE FIRME.
LA TEMPLANZA

¿Y PARA TI,
NORA?
¿LA ESTRELLA?

NO TE ALARMES, TE DOY LA MUERTE: PERO EN REALIDAD ES UN BUEN PRESAGIO...

...¡LOS NUEVOS COMIENZOS SÓLO LLEGAN CUANDO ALGO MÁS TERMINA!

HA SIDO UN DÍA MARAVILLOSO. ¡MUCHAS GRACIAS!
¿VAMOS A PASEAR?

¡SI VAMOS AHORA, VEREMOS LA PUESTA DE SOL!

¡VAMOS, ESAS DOS SON TAN LENTAS!

DIOS MÍO, ¿QUÉ PRISA TIENES?

ÉSTE SERÍA UN LUGAR MARAVILLOSO PARA VIVIR.
PAMELA COLMAN SMITH SE CONVIRTIÓ AL CATOLICISMO EN EL VERANO DE 1911. SE MUDÓ A BUDE EN 1940, DONDE MURIÓ EL 18 DE SEPTIEMBRE DE 1951. NORA LAKE FUE UNA PRESENCIA CONSTANTE EN SU VIDA: AMBAS VIVIERON JUNTAS DURANTE 25 AÑOS...

DESPUÉS DE LA MUERTE DE PAMELA, SE DESCUBRIÓ QUE SU COPIA DE LA BIBLIA CONTENÍA NUMEROSAS IMÁGENES RELIGIOSAS, ASÍ COMO SUS PROPIOS DIBUJOS DEL TAROT.

Valentina Grande

Valentina Grande es profesora y guionista. También es conductora de programas literarios como *Simply Salinger* y *42 La risposta*. Entre sus obras se incluyen *Il mio Salinger* (2018); *Raymond Carver, una storia* (2019); *Feminist Art* (2020); *Bauhaus, l'idea che ha cambiato il mondo* (2021); *Gertrude Stein e la generazione perduta* (2022); y *Les nageuses de minuit* (2025). Su obra ha sido traducida a varios idiomas y publicada en varios países. Valentina vive y trabaja en Bolonia.

Lindsay Squire

Lindsay Squire practica la brujería y es la bruja detrás de la popular cuenta de Instagram @thewitchoftheforest. Lleva casi dos décadas recorriendo su propio camino espiritual y le apasiona ayudar y empoderar a las brujas en sus inicios en la brujería. Es autora de la serie Guía de la Bruja del Bosque... (que incluye *Magia del tarot*, *The Witch's Book of Spells* (2024), y dos barajas mágicas, incluida *The Witch of the Forest's Tarot Magick Deck* (2023). Lindsay vive en su condado natal de Yorkshire, Inglaterra, con sus traviesos pero adorables gatos, Luna y Merlín.

Chiara Raimondi

Chiara Raimondi (n. 1996) es una dibujante de cómics italiana conocida por su enfoque profundamente introspectivo en el desarrollo de personajes, utilizando el color, la luz y la sombra para explorar la profundidad psicológica. Ha trabajado en varias novelas gráficas destacadas, como *L'Agente Segreto* (Shockdom, 2019) y Vittoria Colonna (Kleiner Flug, 2022), así como *The Cabinet* (Image Comics, 2024). Entre sus obras recientes se incluyen *Memoires d'Alexandrie* (Ankama Editions, 2022) y *La Luce e lo Spazio* (Feltrinelli Comics, 2023). También colabora con otras importantes editoriales, como Mondadori y Pearson, y sus ilustraciones se pueden encontrar en diversas antologías.